Liturgy Flower Essay

님의 향기를 따라서 III

지은이 김정희 엘리아

Liturgy Flower Essay

님의 향기를 따라서 III

지은이 김정희 엘리아

책을 엮으며

주님께서는
일을 할 때나 쉬고 있을 때, 삶이 힘들고 지칠 때나 기쁨이 충만할 때, 마음에 늘 함께해 주십니다. 옳은 길로 잘 가다가도 옆길로 일탈할 때, 교만하고 신심이 부족해 말씀을 잃고 헤맬 때, 꼭꼭 걸어 잠근 마음의 빗장을 톡 건드려 문을 열어 주시며 하시는 한 말씀, "좋은 말로 할 때 정신 차리세요." 앗! 예! 주님은 사랑이십니다.

젊음의 용기 하나로 시작되었던, Liturgy Flower 에세이 '님의 향기를 따라서'는 주님께서 부족한 저에게 봉사의 향기로 삶을 채워주신 은총의 시간이었습니다. 신앙 안에서 이뤄지는 전례 꽃 봉사의 길은 뜨겁게 스며드는 말씀의 세계였습니다. 충만한 은총을 받으며 전례 꽃을 통해 사랑의 손길로 기도의 향기를 전할 수 있어 행복합니다. 주님과 동행하며 함께 가는 모든 이에게 복음의 꽃향기가 아름답게 풍기기를 바라며 두 손을 모읍니다. †

2024년 9월 순교자 성월에

차례

1. 대림 시기

대림환 · 인천교구 원당동 성당 · 20
대림환 · 인천 가톨릭대학교 강화캠퍼스 성당 · 22
대림환 · 인천 가톨릭대학교 강화캠퍼스 성당 · 23
대림 시기 · 한국전례꽃지도자연합회 데몬스트레이션 작 · 24

2. 성탄 시기

구유 · 인천교구 노틀담 복지관 · 28
구유 · 인천교구 성체 성지 성당 · 30
구유 · 인천교구 오정동 성당 · 31
구유 · 인천교구 오정동 성당 · 32
구유 · 인천교구 원당동 성당 · 33
Liturgy Flower Essay · 수녀님 보고파유 · 34
구유 · 인천대학교 성전 꽃 연출 과정 · 36
구유 · 인천교구 원당동 성당 · 37
구유 · 인천교구 전례꽃꽂이회 데몬스트레이션 작 · 38
구유 · 인천 가톨릭대학교 강화캠퍼스 성당 · 39
구유 · 인천교구 원당동 성당 · 40
주님 공현 축일 · 월간 플라워 매거진 기고 작 · 42
천주의 성모마리아 대축일 · 월간 플라워 매거진 기고 작 · 44
주님 세례 축일 · 한국전례꽃지도자연합회 데몬스트레이션 작 · 46

차례

3. 사순 시기

Liturgy Flower Essay · 사순 시기에는 · 50
사순 시기 · 한국전례꽃지도자연합회 데몬스트레이션 작 · 52
사순 시기 · 인천교구 원당동 성당 · 54
사순 시기 · 인천교구 원당동 성당 · 55
사순 시기 · 월간 플라워 매거진 기고 작 · 56
사순 시기 · 월간 플라워 매거진 기고 작 · 57
사순 시기 · 인천교구 성체 성지 성당 · 58
사순 시기 · 인천 가톨릭대학교 강화캠퍼스 성당 · 60
사순 시기 · 인천 가톨릭대학교 강화캠퍼스 성당 · 61

Liturgy Flower Essay · 마음을 열고 · 62
주님 수난 성지 주일 · 한국전례꽃지도자연합회 데몬스트레이션 작 · 68
주님 수난 성지 주일 · 인천대학교 성전 꽃 연출 과정 · 70
주님 만찬 성 목요일 · 한국전례꽃지도자연합회 데몬스트레이션 작 · 72
주님 만찬 성 목요일 · 인천교구 오정동 성당 · 73
수난 감실 · 인천교구 원당동 성당 · 74
수난 감실 · 인천교구 원당동 성당 · 75
수난 감실 · 인천교구 오정동 성당 · 76
수난 감실 · 인천교구 오정동 성당 · 77
수난 감실 · 인천교구 성체 성지 성당 · 78
수난 감실 · 인천교구 성체 성지 성당 · 79

차례

4. 부활 시기

Liturgy Flower Essay · 강화 갑곶 성지를 찾아서 · 82
주님 부활 대축일 · 월간 플라워 매거진 기고 작 · 86
주님 부활 대축일 · 월간 플라워 매거진 기고 작 · 88
주님 부활 대축일 · 월간 플라워 매거진 기고 작 · 90
주님 부활 대축일 · 인천교구 전례꽃꽂이회 전시 작 · 92
주님 부활 대축일 · 인천교구 성체 성지 성당 · 94
주님 부활 대축일 · 인천교구 원당동 성당 · 96
주님 부활 대축일 · 인천교구 원당동 성당 · 97
주님 부활 대축일 · 인천교구 오정동 성당 · 98
주님 부활 대축일 · 인천교구 오정동 성당 · 99

부활 시기 · 인천 가톨릭대학교 강화캠퍼스 성당 · 100
부활 시기 · 인천 가톨릭대학교 강화캠퍼스 성당 · 101
부활초 · 인천교구 원당동 성당 · 102
부활초 · 인천교구 원당동 성당 · 103
부활초 · 인천교구 원당동 성당 · 104
부활초 · 인천교구 원당동 성당 · 105
부활초 · 인천교구 원당동 성당 · 106
부활초 · 인천교구 원당동 성당 · 107
주님 승천 대축일 · 인천 가톨릭대학교 강화캠퍼스 성당 · 108
성령 강림 대축일 · 월간 플라워 매거진 기고 작 · 110
성령 강림 대축일 · 인천대학교 성전 꽃 연출 과정 · 112
성령 강림 대축일 · 인천 가톨릭대학교 강화캠퍼스 성당 · 113

차례

5. 연중 시기

Liturgy Flower Essay · 성 아우구스띠노 수도회
　　　　　　　　　연천 착한 의견의 성모 수도원을 찾아서 · 116
주님 봉헌 축일 · 월간 플라워 매거진 기고 작 · 120
주님 봉헌 축일 · 월간 플라워 매거진 기고 작 · 122
성체 현양 대회 · 인천교구 성체 성지 성당 · 124
지극히 거룩하신 그리스도의 성체 성혈 대축일
　　　　　　　　· 월간 플라워 매거진 기고 작 · 126
지극히 거룩하신 그리스도의 성체 성혈 대축일
　　　　　　　　· 인천대학교 성전 꽃 연출 과정 · 128
지극히 거룩하신 그리스도의 성체 성혈 대축일
　　　　　　　　· 인천 가톨릭대학교 강화캠퍼스 성당 · 129
예수 성심 대축일 · 월간 플라워 매거진 기고 작 · 130
예수 성심 대축일 · 월간 플라워 매거진 기고 작 · 132
Liturgy Flower Essay · 가까우면서도 멀고 먼 어려운 신부님 · 134
연중 시기 · 인천 가톨릭대학교 강화캠퍼스 성당 · 136
연중 시기 여름 장식 · 월간 플라워 매거진 기고 작 · 138

연중 시기 여름 장식 · 월간 플라워 매거진 기고 작 · 139
연중 시기 여름 장식 · 월간 플라워 매거진 기고 작 · 140
연중 시기 여름 장식 · 월간 플라워 매거진 기고 작 · 141
연중 시기 · 인천교구 성체 성지 성당 · 142
연중 시기 · 인천 가톨릭대학교 강화캠퍼스 성당 · 144
Liturgy Flower Essay · 순교의 땅! 신리 성지를 찾아서 · 146
주님의 거룩한 변모 축일 · 한국전례꽃지도자연합회 데몬스트레이션 작 · 150
성 베드로와 성 바오로 사도 대축일 · 월간 플라워 매거진 기고 작 · 152
성모 승천 대축일 · 한국전례꽃지도자연합회 데몬스트레이션 작 · 154
성모 승천 대축일 · 월간 플라워 매거진 기고 작 · 156
성 미카엘 성 가브리엘 성 라파엘 대천사 축일
　　　　　　· 한국전례꽃지도자연합회 데몬스트레이션 작 · 158
온 누리의 임금이신 우리 주 예수 그리스도왕 대축일
　　　　　　· 인천교구 전례꽃꽂이회 데몬스트레이션 작 · 160
온 누리의 임금이신 우리 주 예수 그리스도왕 대축일
　　　　　　· 한국전례꽃지도자연합회 데몬스트레이션 작 · 162

차례

6. 성월

Liturgy Flower Essay · 꽃향기 가득한 성체 성지를 찾아서 · 166
성 요셉 성월 · 월간 플라워 매거진 기고 작 · 170
성모 성월 · 월간 플라워 매거진 기고 작 · 172
성모 성월 · 월간 플라워 매거진 기고 작 · 174
성모의 밤 · 인천 교구 원당동 성당 · 175
성모의 밤 · 인천 교구 원당동 성당 · 176
성모의 밤 · 인천 교구 원당동 성당 · 177
성모의 밤 · 인천 교구 원당동 성당 · 178
성모의 밤 · 인천 교구 원당동 성당 · 179
예수 성심 성월 · 월간 플라워 매거진 기고 작 · 180
Liturgy Flower Essay · 내포 순례길의 중심 합덕 성당을 찾아서 · 182
순교자 성월 · 월간 플라워 매거진 기고 작 · 186
순교자 성월 · 인천 가톨릭대학교 강화캠퍼스 성당 · 188
순교자 성월 · 인천교구 성체 성지 성당 · 189

묵주 기도 성월, 전교의 달 · 월간 플라워 매거진 기고 작 · 190

묵주 기도 성월 · 월간 플라워 매거진 기고 작 · 192

묵주 기도 성월 · 월간 플라워 매거진 기고 작 · 194

묵주 기도 성월 · 월간 플라워 매거진 기고 작 · 196

묵주 기도 성월 · 인천 교구 성체 성지 성당 · 198

묵주 기도 성월 · 인천 가톨릭대학교 강화캠퍼스 성당 · 199

Liturgy Flower Essay · 정신적 신앙의 성소! 풍수원 성당을 찾아서 · 200

위령 성월 · 인천 교구 성체 성지 성당 · 204

위령 성월, 모든 성인 대축일 · 월간 플라워 매거진 기고 작 · 206

위령 성월, 죽은 모든 이를 기억하는 위령의 날
 · 월간 플라워 매거진 기고 작 · 208

위령 성월 · 한국전례꽃지도자연합회 데몬스트레이션 작 · 210

위령 성월 · 월간 플라워 매거진 기고 작 · 212

차례

7. 한국 고유 축일 및 성사

한국 성직자들의 수호자 성 김대건 안드레아 사제 순교자 기념일
- 인천교구 성체 성지 성당 · 216

성 김대건 안드레아 사제와 성 정하상 바오로와 동료 순교자들 대축일
- 인천교구 원당동 성당 · 217

성 김대건 안드레아 사제와 성 정하상 바오로와 동료 순교자들 대축일
- 한국전례꽃지도자연합회 데몬스트레이션 작 · 218

성 김대건 안드레아 사제와 성 정하상 바오로와 동료 순교자들 대축일
- 인천대학교 성전 꽃 연출 과정 · 219

성 김대건 안드레아 사제와 성 정하상 바오로와 동료 순교자들 대축일
- 월간 플라워 매거진 기고 작 · 220

추석 · 인천 가톨릭대학교 강화캠퍼스 성당 · 222
추석 · 인천교구 원당동 성당 · 223
세례 성사 · 월간 플라워 매거진 기고 작 · 224
견진 성사 · 서울 대교구 전례꽃 연구회 전시 작 · 226
견진 성사 · 인천교구 원당동 성당 · 228
혼인 성사 · 월간 플라워 매거진 기고 작 · 230
혼인 성사 · 인천 교구 전례 꽃꽂이회 데몬스트레이션 작 · 232

대림 시기

대림 시기는...
대림 시기의 첫 주일부터 한 해의 전례 주년이 시작됩니다. 전례력으로는 대림 제1주일이 새해의 첫날이며 구원의 빛으로 오시는 그리스도를 기다리는 시기입니다. 대림(待臨)은 예수님이 오시기를 기다리는 뜻으로 '도착' 또는 '도래'를 뜻하는 라틴어 '아드벤투스'(Adventus)에서 온 것입니다. 대림 시기는 전에도 계셨고(첫번째 오심) 지금도 계시고(우리 가운데 오심) 앞으로 오실(영광스러운 재림(再臨) 구세주를 깨어 기다리며 합당하게 준비하는 시기입니다.

대림환

대림 시기를 지내는 동안 대림환을 장식하게 되는데요. 대림환은 시작과 끝이 없으며 승리의 상징과 영원성의 의미를 담아 둥글게 만듭니다. 화려한 장식은 피하면서 회개와 속죄를 상징하는 자(보라)색을 쓰고, 주조 색으로 생명과 희망의 색인 늘 푸르른 녹색을 씁니다. 환과 함께 네 개의 초를 쓰는데요. 그 이유는 구약의 사천 년을 뜻하기도 하고, 동, 서, 남, 북 즉 온 세상을 그리스도의 빛이 빠짐없이 두루 비춘다는 의미라는군요. 첫 주 진보라, 둘째 주 연보라, 셋째 주 분홍, 마지막인 넷째 주에는 흰색의 초를 밝히면서 대림 시기를 마무리하게 되는데요. 진한 초에서부터 밝은색으로 바뀌는 것은 어두움에서 빛으로 나아감을 뜻하고, 아울러 아기 예수님 탄생이 가까워지고 있음을 담고 있답니다.

장소 | 인천교구 원당동 성당
재료 | 청미래 덩굴, 엽난, 잎모란(꽃양배추), 편백

대림환

장소 | 인천 가톨릭대학교 강화캠퍼스 성당
재료 | 오리나무, 풍선초, 편백, 안수리움

대림환

장소 | 인천 가톨릭대학교 강화캠퍼스 성당
재료 | 엽란, 오리나무, 비단 향나무, 좀작살나무, 반다

대림 시기 제의색(자)

말씀 묵상 : 너희는 앞으로 일어날 이 모든 일에서 벗어나 사람의 아들 앞에 설 수 있는 힘을 지니도록 늘 깨어 기도하여라. 루카 21,36

가을이 깊어가는 계절에 대림 시기가 시작되는데요. 작업실 뒷 뜰에 나가면 여뀌 풀과 유홍초가 한창입니다. 작품을 하기 위해 여뀌꽃을 보라 열매 같이 생겼다고 우겨봅니다. 왜냐면 대림 시기에는 꽃을 쓰지 않기 때문이기도 하지만 여뀌꽃이 아주 자그마해서 꽃이라 느껴지지 않기 때문입니다. 수상 화서로 피는 여뀌꽃을 가만히 들여다보면 대림 시기 동안 아기 예수님을 기다리는 우리의 마음을 읽기라도 하듯 길쭉하면서 별처럼 생겼습니다. 마른 느티나무 구조물에 보라색 물감(스프레이)으로 뿌려 준비하면서 희생과 보속의 의미이며 대림 시기의 제의 색인 자주색을 중점으로 작품을 연출해 봅니다.

한국전례꽃지도자연합회 데몬스트레이션 작
재료 | 소나무, 색 느티나무, 유홍초, 여뀌

성탄 시기

성탄 시기는 '예수 성탄 대축일 전야 저녁'부터 '주님 세례 축일'까지입니다. 구세주께서 오셨음을 기뻐하며 환호하는 시기로 이 기간 동안 성탄 장식물은 치우지 않고 그대로 두면서 성탄을 경축하는 팔일 축제를 지내고, 주님 세례 축일을 끝으로 성탄 시기는 막을 내립니다. 그리고 이날 저녁 미사를 마치면 성탄 구유를 치우게 됩니다. 성탄(聖誕)은 말 그대로 거룩한 탄생입니다. 전능하신 하느님의 아드님께서 탄생하심을 우리는 거룩한 탄생, 성탄이라고 부릅니다. 하느님의 아드님은 인류를 구원하시고자 사람이 되시어 우리 가운데 오셨습니다. 그분께서는 "임마누엘"(마태 1,23)이라는 이름으로 이 세상에 오셨고, '우리와 함께 계시는 하느님'이라는 이름이 지닌 의미처럼 우리와 함께 계십니다. 성탄 시기는 하늘과 땅이 기뻐하고 즐거워하는 시기입니다. 그분의 오심을 기뻐하고, '임마누엘'이신 하느님의 아드님께서 우리와 함께 계심을 기억하는 소중한 기간입니다.

구 유

구유를 역사적으로 보면 1223년 아씨시의 성 프란치스코 성인이 이탈리아 그렛치오라는 마을의 성당 앞 동굴에 처음으로 구유를 만들어 공개했습니다. 예수님의 탄생지 베들레헴을 다녀온 프란치스코 성인은 동료들에게 베들레헴의 참모습을 재현하고자, 베들레헴의 외양간을 본 따서 구유를 만들었습니다. 성 프란치스코 성인이 보여주고 싶었던 참모습은 바로 하느님의 아들이 가난과 궁핍 속에서 사람들에게 오셨다는 사실입니다. 성인은 그렇게 베들레헴의 외양간을 본따서 구유를 만들고 소와 나귀를 아기 예수님의 옆에 배치하고 성탄 축일을 지냈습니다. 흥미로운 점은, '소와 나귀'가 마구간이라는 장소 때문이 아니라, 이스라엘 백성이 하느님을 알아보지 못한다는 이사 1,3의 말씀 때문에 구유가 등장한다는 사실입니다. 소와 나귀도 알아보는 메시아 예수님을 이스라엘 백성은 알아보지 못한다는 사실을 비판하고자 우리의 성탄 구유에 소와 나귀가 항상 등장합니다.

말씀 묵상 : 하늘 높은 데서는 하느님께 영광, 땅에서는 주님께서 사랑하시는 사람들에게 평화! 루카 2,14

장소 | 인천교구 노틀담 복지관
재료 | 버드나무, 소나무, 낙엽, 율마, 남천, 마사토, 눈가루

구 유

장소 | 인천교구 성체 성지 성당
재료 | 아트 나무, 아트 소나무, 율마, 더그라스, 온시디움, 포인세티아

구 유

장소 | 인천교구 오정동 성당
재료 | 느티나무, 더그라스, 공작 편백, 율마, 심비디움, 포인세티아

구 유

장소 | 인천교구 오정동 성당
재료 | 느티나무, 율마, 만천홍, 포인세티아

구 유

장소 | 인천교구 원당동 성당
재료 | 소나무, 율마, 포인세티아, 더그라스, 자작나무

Liturgy Flower Essay
수녀님 보고파유

"안녕하세요. 장ㅇㅇ수녑니다."
"예. 처음 뵙겠습니다. 봉사자 엘리아여유."
수녀님이 바뀌셨네. 인사를 나누고 본당이 들어서니 제대 앞에는 어느새 꽃 장식할 준비가 다 되어있었다. 보통 봉사자가 가서 그날 디자인에 필요한 준비를 하는데 미리다?? 하면서 마음속으로 경계를 하게 된다. 수녀님이 새로 오시게 되면 익숙해질 때까지 조심스러운 게 사실.

수녀님은 봄이면 봄나물을 뜯어 놓았다가 챙겨 주시고, 가을이면 도토리를 주워다 직접 만드셨다며 분가루처럼 고운 도토리 가루를 챙겨 주셨다. 먼 길 봉사하러 온다고, 수고한다고 뭐 하나라도 더 챙겨 주시려고 애를 쓰셨다. 아무 감정도 없이 무덤덤이 받아 온 나, 지금 돌아보니 수녀님의 손길이 너무도 감사하고 그립다. 점심 식사 후 뒷산에 꾸며진 14처를 돌며 담소를 나누는 시간은 도심에서 지친 마음이 해맑게 치유되는 시간이었다. 진정한 쉼으로 가벼워진 발걸음으로 돌아오곤 했다. 수녀님과 추억을 6년여 동안 쌓으면서도 항상 변함없는 무심한 듯한 표정이셔서 가끔 당황하기도 했지만 떠나신 후 돌이켜보면 그 시간들이 너무도 귀하고 아름다웠구나 를 깨닫고 있는 지금이다.

'수녀님~ 보고 싶습니다. 잘 지내고 계신거죠?'

구 유

장소 | 인천교구 가톨릭대학교 강화캠퍼스 성당
재료 | 동백나무, 호접란, 율마, 포인세티아, 드라세나 수르쿨로사

구 유

장소 | 인천대학교 성전꽃연출과정
재료 | 포도 나무, 나뭇가지, 아라우카리아, 포인세티아

구 유

장소 | 인천교구 원당동 성당
재료 | 성물들, 포인세티아

구 유

인천교구 전례꽃꽂이회 데몬스트레이션 작
재료 | 굴피, 율마, 포인세티아, 아스파라거스 스프링메리

구 유

장소 | 인천 가톨릭대학교 강화캠퍼스 성당
재료 | 율마, 포인세티아

구 유

예수님의 탄생을 알리는 가장 큰 표지는 제대 앞에 마련된 아기 예수님의 구유일 것입니다. 화려한 궁전이 아닌, 소와 나귀가 있는 구유에서 하느님의 아드님께서 탄생하셨습니다. 전능하신 하느님의 자기비움 사건은 구유에서의 탄생을 통하여 가장 낮은 곳을 향하셨습니다. 우리는 구유에 오신 예수님을 맞이하면서 무엇을 생각하고 있을까요? 해마다 돌아오는 성탄을 생각할까요? 화려한 크리스마스트리와 신나는 캐롤을 생각하고 있을까요? 성탄, 그날은 주님의 거룩한 탄생을 기억하는 날입니다. 하느님께서 인간의 모습으로 세상에 오신 엄청난 사건을 기억하고 그분을 맞이하는 날입니다. 신나는 분위기가 아니라 성당에 홀로 고요하게 누워계시는 아기 예수님을 바라보면서, 세상을, 사람을, 그리고 나를 사랑하시는 하느님의 사랑을 느껴 보면 좋겠습니다.

장소 | 인천교구 원당동 성당
재료 | 느티나무, 소나무, 편백

주님 공현 대축일 제의색(백)

말씀 묵상 : 동방에서 별을 보고 예물을 가지고 그분께 경배하러 왔노라. 마태 2,2 참조

주님 공현 대축일은 또 하나의 주님 성탄 대축일로 지낼 만큼 중요한 축일입니다. 빛이신 주님께서 다른 민족들에게 별의 인도로 당신을 드러내 보이시며 구세주의 탄생을 공적으로 드러내십니다. 베들레헴의 허술하고 작은 마구간에서 태어나시어 세상의 빛으로 이끌어 주시는 주님을 묵상합니다.

주님을 믿고 의지하고 살아가기를 두 손 모으며 작품을 표현합니다.

월간 플라워 매거진 기고 작
재료 | 목련 나무, 다래 덩굴, 레드베리, 목화, 방크샤, 글로리오사, 꽃사과, 눈가루

천주의 성모 마리아 대축일 제의색(백)

말씀 묵상 : 때가 찼을 때 하느님께서 당신의 아들을 보내시어 여인에게서 태어나 율법 아래 놓이게 하셨다 갈라 4,4

새해를 시작하는 첫날, 1월 1일은 천주의 성모 마리아 대축일입니다. '천주의 성모'라는 호칭에서 볼 수 있듯이 성모님은 바로 '하느님의 어머니'이십니다. 성모님께서는, 하느님이시며 사람이신 예수님의 어머니이시기에 우리는 성모님을 하느님의 어머니, 곧 '천주의 성모'로 공경합니다. 성모님께서 인간적으로 훌륭했기 때문만이 아니라, 하느님의 뜻에 순명 하셨기 때문에 우리는 이러한 호칭을 통하여 성모님을 공경하는 것입니다. "말씀하신 대로 저에게 이루어지기를 바랍니다."(루카 1,38)라는 성모님의 순명은 세상에 평화를 가져다주었습니다. 천주의 성모님을 닮아 하느님의 뜻에 순명하는 여정을 우리도 함께 걸었으면 좋겠습니다.

월간 플라워 매거진 기고 작
재료 | 사과나무, 소나무, 아마릴리스, 수선화, 덴드로비움, 은매화

주님 세례 축일 제의색(백)

말씀 묵상 : 이는 내가 사랑하는 아들, 내 마음에 드는 아들이다. 마태 3,17

예수님께서 물로 세례를 받으실 때 모습을 하얀 모래 위에 결을 그려 물을 표현합니다.
비둘기를 배치하여 성령께서 내려오시는 모습을 연출합니다.

한국전례꽃지도자연합회 데몬스트레이션 작
재료 | 마디초, 백합, 모스, 자갈, 모래, 비둘기

사순 시기

사순 시기는 예수님의 수난과 죽음을 묵상하며 예수님의 부활 축제를 준비하는 기간입니다. 사순(四旬)은 사십을 의미합니다. 사십이라는 수는 성경에서 매우 중요한 의미를 지닙니다. 중요한 일을 앞두고 이를 준비하는 기간이 사십이라는 수와 함께 준비되었기 때문입니다. 노아 시대에 사십일 동안 밤낮으로 비가 내렸고(창세 7,12), 모세는 이스라엘 백성과 함께 약속의 땅에 들어가기 전에 사십 년의 시간을 광야에서 보냈으며, 하느님과 계약을 맺기 위해서 시나이산에서 사십일을 보냈습니다(탈출 24,18). 예수님께서도 공생활을 시작하시기에 앞서서 사십일을 광야에서 단식하면서 지내셨습니다(마태 4,1-11). 성경은 이렇게 사십이라는 숫자를 하느님을 만나고 체험하는 데 필요한 시간으로 삼았습니다. 사순 시기, 예수님의 수난과 죽음의 여정에 동참하는 사십일의 시간입니다. 머리가 아닌 마음으로 주님께서 가신 고난의 길을 함께 걸어가고, 금육과 단식을 통해서 그 여정을 실천하는 시기가 되어야 합니다. 예수님의 수난과 죽음에 대한 동참, 그것은 어려운 이웃을 살피는 구체적인 사랑의 나눔에서 시작될 것입니다.

Liturgy Flower Essay

사순 시기에는...~
겨울을 보내고 봄소식을 알리려는 대지의 꿈틀거림이 바쁘게 움직입니다. 제법 순해진 바람결은 새순을 틔우기 위해 달려 있는 꽃눈을 툭 하고 건드려봅니다. 겨울 내내 움츠리고 있었던 꽃눈은 화들짝 놀라 미소를 지으며 기지개를 켭니다.

요즈음 제 마음을 봄소식에 비유해 보았습니다.

지난번 두 번째 전례 꽃 에세이집을 출간하고 '이제는 끝났다' 하고 무척 홀가분한 기분으로 날아갈 것 같았습니다. 시간이 흐르고 나니 마음이 또 흔들리는 것입니다. 글쟁이가 아니고 꽃을 만지는 예술가라고 오랜 시간 지내 온 터라 이제는 꽃과 봉사에만 관계되는 일만 충실하리라 했었는데 제 마음 한편에서 줄달음치는 글의 욕구를 떨치기에는 이미 늦은 듯싶습니다. 어느새 머리에서는 작품 구상과 글이 시작되고 있는 것입니다.
그동안 쉬고 있다가 글쓰기를 다시 시작하는데요. 부족한 글이지만 보는 분들과 함께 공감하며 나눌 수 있는 페이지가 되었으면 하는 바람을 가져봅니다.

사순 시기에 주님께서도 많은 유혹을 받으신 것과 같이 이 시대도 눈만 뜨면 많은 유혹이 따라옵니다. 스스로 유혹을 멀리하려 하지만 떨쳐내기까지가 여간 어려운 것이 아닙니다. 혼자 불편함 없이 살기를 원하고, 혼자 잘나기를 바라며, 눈에 불을 켜고 경쟁을 하는 내 모습이 얼마나 부끄러운가 반성의 무릎을 꿇습니다. 손목에는 묵주를 팔찌 삼아 걸고 다니면서 정성되이 기도를 드렸는가? 반성합니다. 꽃 봉사를 열심히 했다고 이만하면 됐다고 교만하지 않았는지 반성합니다. 세상에서 관심을 받고, 나의 실력을 인정받고 싶어 안달하지 않았나 반성합니다. 함께하는 이들에게 이기적이고 편협한 생각으로 상처를 주지는 않았는지 돌아보며 반성합니다.

앞모습이 아름답기보다는 뒷모습이 아름다운 사람이고 싶습니다. 어려운 이웃을 살필 줄 알고 베푸는 삶으로 나눌 줄 아는 사람이고 싶습니다. 가식과 욕심의 옷을 벗고 마음이 따뜻한 사람이고 싶습니다. 사순 시기를 맞으면서 주님이 겪으신 고난의 길을 묵상하며, 슬픔보다는 희망의 여정에 은총을 청합니다. †

사순 시기 제의색(자)

말씀 묵상 : 사람의 아들도 섬김을 받으러 온 것이 아니라 섬기러 왔고, 또 많은 이들의 몸값으로 자기 목숨을 바치러 왔다. 마태 20,28

사순 시기 제대 장식으로 조형물을 제작해 연출해 봅니다. 희생과 보속의 의미인 자(보라)색의 십자가, 생명과 희망의 색 녹색, 잠시 쉬어가는 휴식의 표현으로 핑크색 모래의 십자가, 기쁨의 의미를 담은 흰색의 조형물 사이로 강인한 소나무를 배치하여 주님의 수난과 죽음의 여정을 묵상합니다.

한국전례꽃지도자연합회 데몬스트레이션 작
재료 | 모스 조형물, 색모래, 소나무, 무스카리

사순 시기

장소 | 인천교구 원당동 성당
재료 | 느티나무 구조물, 구즈마니아, 소철, 만천홍, 색 모래

사순 시기

장소 | 인천교구 원당동 성당
재료 | 모스 조형물, 탱자 나무, 말린 색 풍선초, 카틀레야, 색 모래

사순 시기

플라워 매거진 기고작
재료 | 탱자나무, 재스민, 백화등

사순 시기

플라워 매거진 기고작
재료 | 포도나무, 탱자나무, 아스파라거스, 에버잼 고사리, 푸테리스 고사리, 심비디움, 아네모네, 이끼, 색모래

사순 시기

사순 시기의 제의색은 회개와 속죄를 상징하는 자주색(보라색)이며, 제대 꽃 장식으로는 전반적으로 주님의 수난과 죽음에 관하여 연출합니다. 거친 소재들을 주로 사용하고 되도록 장식은 화려하지 않게 합니다. 작품을 하기 위한 사순 시기의 주제로는 40일, 수난, 죽음, 유혹, 단식, 희생, 극기, 금육, 회개, 나눔, 사랑 등입니다.

말씀 묵상 : 내가 진실로 너희에게 말한다. 너희가 가장 작은 내 형제 하나에게 해 준 것이 바로 나에게 해 준 것이다. 마태 25,40

장소 | 인천교구 성체 성지 성당
재료 | 탱자 가시 조형물, 무스카리, 모스, 마사토, 돌

사순 시기

장소 | 인천 가톨릭대학교 강화캠퍼스 성당
재료 | 나비 수국, 아스파라거스 플로모서스, 이끼, 색돌

사순 시기

장소 | 인천 가톨릭대학교 강화캠퍼스 성당
재료 | 굴피, 마삭줄, 홍매화, 소철, 색 돌, 마사토

Liturgy Flower Essay

마음을 열고

산길을 오르고 또 오르고 또 올라갔습니다. 누군가 놓아둔 돌다리도 건너고 나무를 듬성듬성 엮어 만든 계곡의 다리도 건너갔습니다. 가파른 곳은 나무와 나무 사이에 굵은 줄을 묶어두어 잡고 올라갔습니다. 다리가 끊어질 듯 아팠습니다. 숨이 목까지 차올라 헉헉거립니다. 가지 치기를 해 아무렇게나 널려있는 나뭇가지를 주워서 등산용 스틱을 대신해 짚어봅니다. 한결 수월하게 오를 수가 있었습니다.

행여 미끄러질까 조심하며 땅만 쳐다보고 올라가고 있는데 저만치서 들려오는 소리 "2백 미터 남았습니다. 힘내세요."라는 소리에 남아 있는 힘을 내 다 끌어 올려 봅니다. 하늘 향해 쭉쭉 뻗은 삼나무 사이로 불어주는 산바람이 등줄기를 타고 흘러내리는 땀방울을 식혀줄 즈음 도착한 정상에는 환한 미소로 반겨 주시는 혜민 스님의 마중이 기다리고 있었습니다.

'어떻게 이리 빨리 올라오셨을까?!' ^^

여러 사찰 순례가 있었지만 제일 기억에 남는 곳은 60번째 사찰로 이시즈치산 (石鎚山)에 위치한 요코미네지(橫峰寺)였습니다. 일본 진언종의 개종조인 고호 대사의 유적이 있고, 공해 대사께서 수행한 성지라고 앞서가시는 스님의 친절한 해설이 있었지만 전혀 귀에 들어오지 않았습니다. 왜냐고요? 엘리아는 태어나서 이렇게 험하고 높은 곳 순례는 처음이었으니까요. 이 산이 1982m의 서부 일본의 최고봉이라잖아요. 다행스럽게도 요코미네지(橫峰寺)는 산의 중턱쯤에 있었지만 가파른 산길을 후들거리는 다리를 다독이며 올라가야 했습니다. 순례 소요 시간은 4시간이었지만 족히 5시간은 걸린 것 같았습니다. 휴...~

천주교 신자인 엘리아는 잠깐 불교로 외출을 다녀왔는데요. 해민 스님이 교장으로 계신 마음치유 학교에서 5월에 진행하는 '시코쿠 벚꽃 88사찰 순례길 걷기'였습니다. 순전히 해민 스님의 팬심(心)으로 참여를 했습니다만 순례를 하면서 마음을 열고 함께 걸으니 내 종교 주님의 사랑이나 타 종교 부처님의 자비하심은 하나의 우주처럼 같고 따뜻했습니다.

예수님의 성지는 아니지만 부처님의 흔적을 따라 순례를 하면서, 부족했던 불교 공부도 하고 주님의 수난과 죽음에 대해서도 깊은 묵상을 하였지요. 이곳에서 겪은 순례의 고통은 우리를 위해 아무 조건 없이 당신을 내놓으신 예수님의 사랑을 다시 한 번 깊이 새기며 어느 신앙을 가졌던 마음을 열고 다 함께하니 부처님의 자비심과 주님의 큰 은총이 내 마음 깊은 곳에 따스하고 아름답게 채워주셨음을 느낍니다. 부처님! 행복했습니다. 주님! 행복했습니다. +

주님 수난 성지 주일 제의색(홍)

말씀 묵상 : "호산나! 다윗의 자손! 주의 이름으로 오시는 이여, 찬미 받으소서. 지극히 높은 하늘에서도 호산나!" 마태 20,9

예수님께서 예루살렘에 입성하신 것을 표현합니다. 주님의 수난을 명자나무와 카틀레아로 장식하고, 성지(聖枝)를 흔들며 환호하는 백성의 모습을 소철에 담아봅니다. 수난기를 통하여 죽음을 선포하는 주님의 사랑을 빨간 하트로 표현합니다.

한국전례꽃지도자연합회 데몬스트레이션 작
재료 | 명자나무, 소철, 능수버들, 카틀레아, 석죽, 유칼립투스, 미니 하트, 틸란드시아 쉬데이아나

주님 수난 성지 주일

인천대학교 성전꽃연출 과정
재료 | 소철, 명자나무, 알스트로메리아, 카네이션, 편백

십자가 장식

성지(聖枝)가지

주님 만찬 성 목요일 제의색(백)

한국전례꽃지도자연합회 데몬스트레이션 작
재료 | 삼지닥, 설유화, 보리, 장미, 스토크, 아네모네, 알륨, 빵, 포도주

주님 만찬 성 목요일

장소 | 인천교구 오정동 성당
재료 | 보리, 장미, 조팝나무, 후리지아, 루스커스, 아스파라, 빵, 포도주

수난 감실

장소 | 인천교구 원당동 성당
제료 | 난석, 굴피, 탱자나무, 화살나무, 다육 식물들

수난 감실

장소 | 인천교구 원당동 성당
재료 | 엽난, 루모라 고사리, 안수리움, 스토크, 설유화

수난 감실

장소 | 인천교구 오정동 성당
재료 | 조팝나무, 장미, 헬레보루스, 옥시, 후리지아

수난 감실

장소 | 인천교구 오정동 성당
재료 | 설유화, 델피늄, 장미, 카네이션, 스카비오사, 호접란

수난 감실

장소 | 인천교구 성체 성지 성당
재료 | 조팝나무, 백합, 금어초, 장미, 카네이션, 후리지아

수난 감실

장소 | 인천교구 성체 성지 성당
재료 | 알리움, 국화, 스타티스, 카네이션, 옥시, 후리지아, 조팝나무, 루스커스

부활 시기

부활시기는 파스카 시기라고도 하며 예수님의 부활을 통해 우리의 구원이 완성된 것을 기념하는 때입니다. 부활 성야 에서부터 성령 강림절까지 50일간을 뜻하므로 오순절이라고도 합니다. 파스카라는 말은 "통과하다", "나아가다"라는 히브리 동사에서 유래한 말로 구약에서의 의미는 이스라엘이 노예의 삶에서 해방으로 나아감을 뜻하며 신약에서는 그리스도를 통하여 죄와 죽음에서 구원과 생명으로 나아감을 뜻합니다. 예수님의 부활은 그리스도교 신앙의 핵심입니다. 그러므로 이를 기념하고 재현하는 주님 부활 대축일은 가장 큰 축일이며, 오랜 전통을 지니고 있습니다. 부활 시기는 성령 강림 대축일로 마무리 됩니다.

Liturgy Flower Essay
강화 갑곶 성지를 찾아서

강화 갑곶 순교 성지는 천주교인(人) 순교자 세 분이 갑곶 돈대에서 효수(梟首)되었다는 문헌에 따라 이곳에 성지를 조성하게 되었답니다. 이곳에는 순교자 삼위비와 순교자들의 행적 증언자 박순집 베드로의 유해가 모셔져 있는데요. 주님을 향한 온전한 믿음을 지켜내신 그 굳건한 신심만으로도 많은 순례 객들의 힘이 되고 위로가 되는 곳입니다. 그분들이 행하신 일들은 지금 저로서는 감히 상상하는 것만으로도 훌륭하여 그저 두 손을 모으고 고개를 숙이기조차 나약한 존재입니다.

한 해에도 한두 번은 들리는 성지인데요. 상처받고 마음이 편치 않을 때 오거나 혼자 묵상하며 기도가 필요할 때 다녀가곤 합니다. 기쁘거나 마음이 편할 때는 찾지도 않았지요. 이기적인 마음에 순교자분들 뵙기가 부끄럽습니다.

평일이라 그런지 순례 객들이 많이 보이지는 않습니다. 성당 안으로 들어서니 제대가 흰색으로 꾸며져 있습니다. 흰 바탕에 보라색 초가 강하게 가슴에 와닿네요. 지금은 사순시기라서 그런지 꽃장식은 없었는데요. 사순 시기에는 제대 꽃장식을 하지 않는 곳이 더러 있는데 이곳 성지에도 그런가 봅니다.

인사를 드리고 나와 나지막한 오르막길을 오르니 여전히 주님은 십자가에 못 박히신 모습으로 반겨 주십니다. 순간 울컥하며 콧등이 시큰해옵니다. 아낌없는 희생으로 무한한 사랑을 주시고 못 박히신 주님을 바라보는 제 마음속에는 뜨거운 눈물이 가슴을 타고 내립니다.

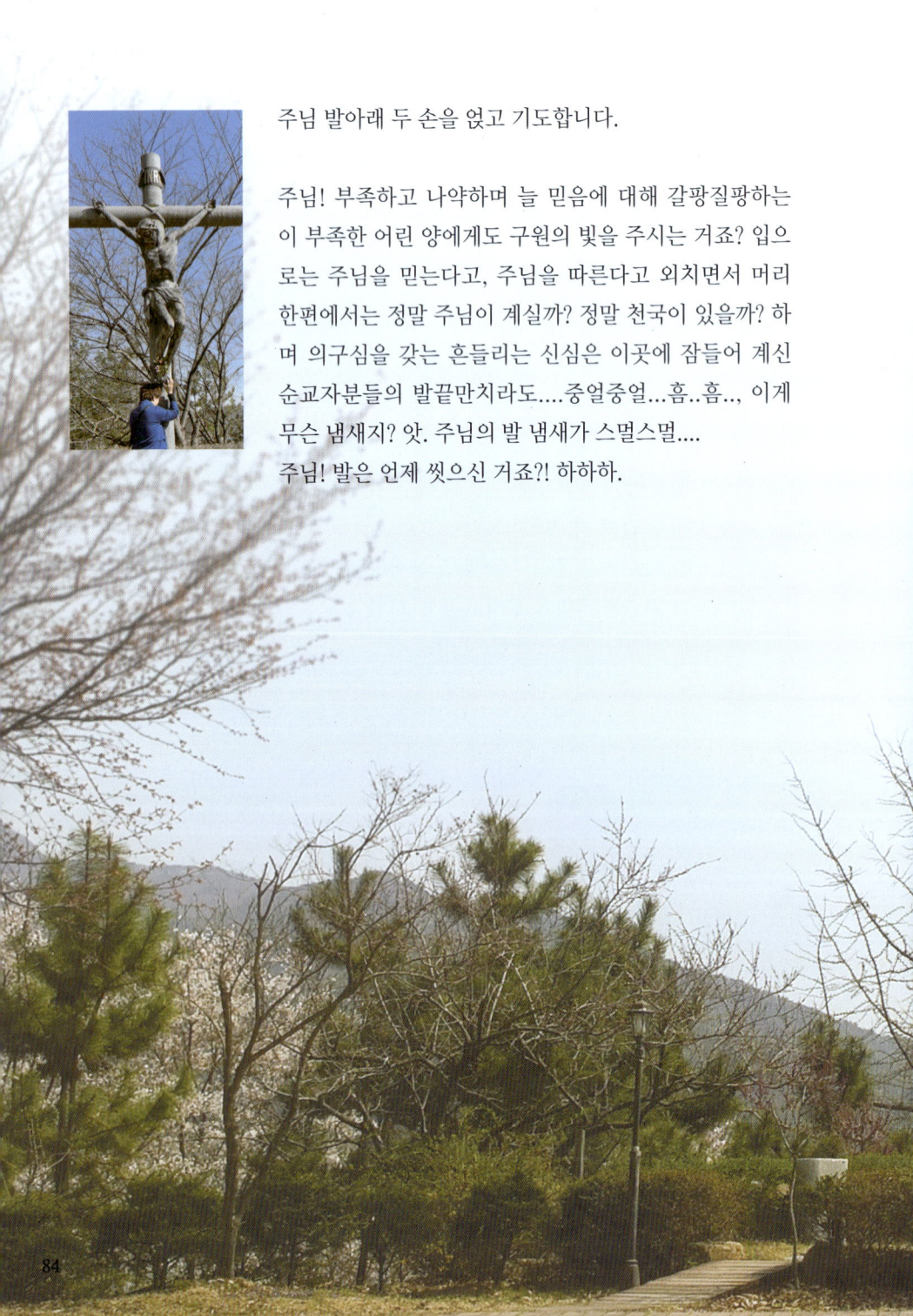

주님 발아래 두 손을 얹고 기도합니다.

주님! 부족하고 나약하며 늘 믿음에 대해 갈팡질팡하는 이 부족한 어린 양에게도 구원의 빛을 주시는 거죠? 입으로는 주님을 믿는다고, 주님을 따른다고 외치면서 머리 한편에서는 정말 주님이 계실까? 정말 천국이 있을까? 하며 의구심을 갖는 흔들리는 신심은 이곳에 잠들어 계신 순교자분들의 발끝만치라도....중얼중얼...흠..흠.., 이게 무슨 냄새지? 앗. 주님의 발 냄새가 스멀스멀....
주님! 발은 언제 씻으신 거죠?! 하하하.

주님! 오늘도 기도에 집중 못 한 엘리아를 용서하옵소서. 주님 앞에서는 철없이 까불고 어린아이처럼 마냥 응석을 부리고 싶은 저입니다. 헤^^

부활 대축일 작품을 준비하면서 사순 시기인데 부활에 대한 장면을 어디를 가야 만날 수 있을까를 고민하면서 찾은 순례길에서 이렇게 두 팔 벌려 주님께서 맞아주실 거라고는 미처 몰랐습니다. 모든 것은 주님이 이끄시는 데로 따라만 가면 될 것을 쓸데 없는 걱정을 한 저는 오늘도 주님께서 베풀어주신 신비에 '참 신기하네.'를 연발하며, 기쁜 마음으로 순례를 마칩니다. †

주님 부활 대축일 제의색(백)

말씀 묵상 : 주님께서 참으로 부활하셨도다! 알렐루야! 알렐루야!
"나는 부활이요 생명이다. 나를 믿는 사람은 죽더라도 살고, 또 살아서 나를 믿는 모든 사람은 영원히 죽지 않을 것이다." 요한 11,25-26

'알렐루야!' 부활을 축하드립니다.
예수님의 부활은 그리스도교 신앙의 핵심입니다. 그러므로 예수님의 부활을 기념하고 재현하는 주님 부활 대축일은 전례 축일 가운데 가장 중요한 축일입니다. 죽음에서 생명으로 이끌어주신 하느님의 새로운 파스카 신비를 경축하며 주님을 찬미하라는 "알렐루야!"를 노래하며 감사와 기쁨 속에서 큰 축제는 시작됩니다. 예수님께서는 죽음과 부활을 통하여 악의 세력을 이겨 내시고, 영원한 생명의 문을 열어주셨습니다. 예수님의 부활은 단순한 교리적 가르침으로만 머무는 것이 아니라, '죽어야 부활할 수 있다.'는 그리스도교가 지닌 신앙의 핵심을 담고 있습니다. 따라서 신앙인에게 예수님의 부활은 주님의 죽음에 동참함으로써만 얻게 되는 승리의 월계관입니다.

월간 플라워 매거진 기고 작
재료 | 석고 조형물, 단풍나무, 수선화, 이끼, 달걀 껍데기, 색모래

주님 부활 대축일

부활 대축일 장식을 준비하다 보면 색다른 느낌으로 표현할 수 없을까 고민을 하게 됩니다. 이번 작품에서는 마른 버들 다발을 U자 형태로 만들어 열려 있는 영원한 생명의 문을 연출해 보았어요. 문을 따라가며 새로운 희망으로 시작되는 생명의 움직임을 표현한 작품.

월간 플라워 매거진 기고작
재료 | 버들, 조팝나무, 버터 플라워, 석고 계란

주님 부활 대축일

생명의 탄생은 언제나 신비롭습니다. 주님께서는 당신의 죽음으로 우리에게 새 생명을 주셨습니다 석고 조형물로 빈 무덤을 만들고 알에서 깨어나는 병아리들, 따뜻한 봄이면 움츠렸던 기지개를 켜며 피어나는 수선화의 합창단이 부활하신 주님을 찬미드리며 노래합니다. "알렐루야!"

월간 플라워 매거진 기고작
재료 | 석고 조형물, 수선화, 아트 병아리

주님 부활 대축일

당신의 죽음으로 죽음을 이기시고 승리와 해방을 이루신 주님!
어둠을 이긴 빛으로 부활하신 주님!
믿는 이에게 생명을 주신 주님!

죽음, 나뭇가지로, 부활, 순백의 호접난으로, 생명, 죽은 듯하여도 다시 연둣빛으로 살아나는 이끼로 연출한 작품.

인천교구 전례꽃꽂이회 전시작
재료 | 석고 조형물, 편백나무, 호접난, 이끼

주님 부활 대축일

주님께서 죽음을 이기시고 어둠에서 빛으로 승리하신 기쁨이 넘치는 날. 주님 부활 대축일! 제의 색은 새로 태어남을 의미하는 백색으로 작품 표현 주제로는 빛, 죽음, 빈 무덤, 물, 새 생명, 새로 태어남, 기쁨, 등입니다. 작품에서 사용한 색으로는 백색(기쁨)에서부터 녹색(생명), 연노랑, 노랑색(영광)까지 유사색으로 표현했어요. 꽃 장식은 전반적으로 기쁨이 넘치며 생생하게 살아있음을 나타낼 수 있는 구근 식물과 절화, 상징적인 동물 등으로 연출합니다.

장소 | 인천교구 성체성지성당
재료 | 모스 조형물, 토끼, 설유화, 수선화, 백합, 장미, 금어초, 수국, 스마일락스

주님 부활 대축일

장소 | 인천교구 원당동 성당
재료 | 석고 조형물, 조팝나무, 레몬잎, 호접난, 백합, 온시디움, 장미, 프리지어

주님 부활 대축일

장소 | 인천교구 원당동 성당
재료 | 석고 조형물, 조팝나무, 레몬잎, 백합, 명자란, 장미, 라넌큘러스, 스토크, 프리지어

주님 부활 대축일

장소 | 인천교구 오정동 성당
재료 | 석고 조형물, 호접난, 모스, 돌

주님 부활 대축일

장소 | 인천교구 오정동 성당
재료 | 호접난, 아레카야자, 조팝나무, 백합, 장미, 스프레이카네이션, 프리지아, 루스커스, 루모라고사리

부활 시기

장소 | 인천 가톨릭대학교 강화캠퍼스 성당
재료 | 석고 조형물, 자작나무 볼, 스프링게리, 장미, 브바르디아, 노루오줌, 리시안셔스

부활 시기

장소 | 인천 가톨릭대학교 강화캠퍼스 성당
재료 | 말채 구조물, 수국, 장미, 팔손이 열매, 브바르디아

부활초

재료 | 조팝나무, 펠레놉시스, 덴드로비움, 옥시페탈룸

부활초

재료 | 조팝나무, 튤립, 델피늄, 장미, 카네이션, 글로리오사

부활초

재료 | 조팝나무, 백합, 헬레보루스, 장미, 라넌큘러스, 카네이션, 프리지어

부활초

재료 | 조팝나무, 으름덩굴, 문늬 둥굴레, 작약, 알스트르메리아, 국화

주님 승천 대축일 부활초

재료 | 조팝나무, 카네이션, 장미, 루스커스

성령 강림 대축일 부활초

재료 | 글라디올러스, 하이베르쿰, 천일홍, 그린 석죽

주님 승천 대축일 제의색(백)

주님 승천 대축일은 예수님께서 구원 사업을 완수하시고 하늘로 올라가셨음을 기념하는 축일입니다. 주님의 승천은 주님 부활의 연장이며, 기쁨으로 가득한 구원의 확신이며 우리들의 승천 예형입니다. 하느님이신 분께서 손수 사람이 되시어 사람들과 함께했던 지상의 여정이 마무리되는 사건이 바로 주님 승천입니다. 주님 승천 이후의 시대를 살아가는 우리는 주님을 향한 우리의 신앙과 기도 안에서 주님을 만나면서 그분과 깊은 관계를 맺어야 합니다. 주님과 깊은 유대 관계, 그 시작은 주님의 가르침을 따르겠다는 결심에서 시작됩니다.

장소 | 인천 가톨릭대학교 강화캠퍼스 성당
재료 | 부들, 으름덩굴, 다래 덩굴, 백합, 덴드로비움

성령 강림 대축일 제의색(홍)

말씀 묵상 : 주님의 성령은 온 세상에 충만하시며 모든 것을 포괄하는 분으로서 사람이 하는 말을 다 알고 계신다. 지혜 1,7

성령 강림 대축일은 성령께서 제자들에게 내려오신 사건을 기념하고 경축합니다. 성령 강림 사건은 구원의 실현과 새로운 하느님 백성의 탄생이라는 근본적인 의미를 담고 있습니다. 하느님의 구원은 예수님의 탄생과 공생활, 그리고 그분의 수난과 죽음을 거친 부활의 여정을 통해서 우리에게 계시 되었습니다. 이제 성령 강림을 통하여 새로운 하느님 백성 공동체인 교회는 성령의 이끄심과 도우심을 통하여 계시된 주님 구원 여정을 함께 걸어갑니다. 그리고 그 여정 안에서 우리는 성령을 통한 열매를 맺을 수 있게 됩니다. 사랑, 기쁨, 평화, 인내, 친절, 착함, 신용, 온유, 절제가 그것입니다(참조: 갈라 5,22). 아울러 우리는 성령의 힘으로 하느님을 "아빠! 아버지!"라고 부를 수 있게 됩니다. 따라서 우리는 주님과 함께 하느님 아버지의 자녀가 됩니다(참조: 로마 8,15-17). 바로 성령의 도우심으로 우리는 삼위이신 성부와 성자와 성령과 참된 일치를 이룰 수 있게 됩니다.

월간 플라워 매거진 기고작
재료 | 삼지닥나무, 홍조팝나무, 글라디올러스, 안수리움, 호접난, 암대국, 명자란, 스마일락스

성령 강림 대축일

인천대학교 성전꽃연출 과정
재료 | 글라디올러스, 몬스테라, 쥐똥나무, 장미, 백합, 등라인

성령 강림 대축일

장소 | 인천 가톨릭대학교 강화캠퍼스 성당
재료 | 부들, 으름덩굴, 다래 덩굴, 백합, 덴드로비움

연중 시기

'연중'이라는 표현은 '한 해 동안'이라는 의미를 지니고 있습니다. '연중'이 지닌 의미에 맞게 연중 시기는 교회의 전례 주년 가운데 가장 긴 시기입니다. 이 시기의 특징은 예수님 구원 역사 가운데 특정한 순간들-대림, 성탄, 사순, 부활-을 기념하지 않고, 특정한 축일이 아니면 특정한 전례를 거행하지 않는 시기입니다. 이것이 연중 시기가 중요하지 않음을 뜻하지 않습니다. 이 시기가 다른 전례 시기와 비교하여 큰 특징이 없어 보일 수 있지만, 오히려 연중 시기는 예수님의 공생활에 관련된 복음을 들으면서, 일상에서 함께 하시는 주님을 만나는 은총의 시간입니다.

Liturgy Flower Essay

성 아우구스띠노 수도회 연천
착한 의견의 성모 수도원을 찾아서

연천에 있는 착한 의견의 성모 수도원, 이곳의 봉사는 오래전 시작되었었는데 본원(인천교구 동인천)에서부터였다. 그 당시 나는 교구 전례꽃꽂이회 단체장을 지내고 있을 때였는데 친구와 수도원 방문으로 수사님을 알게 되어 봉사를 시작하게 되었다. 몇 해가 지나는 동안 강화에 있는 돌렌띠노 수도원을 거쳐 여기 연천까지 봉사의 손길이 닿았는데 기간이 짧지 않다. 자가로 약 1시간 30분 거리(왕복 3시간)를 오고 가는 시간이 언제나 나만의 묵상을 하며 기쁨이 넘쳤던 길이 언제부터인가 멀게 느껴지면서 믿는 마음은 흔들리기 시작했다.
그 후 얼마 가지 않아 난 봉사를 그만두었다. 왜 그랫을까? 꾀가 나는 바람에? 기쁘지 않아서, 왜? 주님이 아시것쥬.^^

난 난을 심었다. 연한 분홍색이 있는 작은 덴드로비움으로 준비했다. 분명 여름이라고 제대 앞은 비어 있을 게 뻔하기에, 그리고 간식도 준비했다. 크고 달  콤하게 잘생긴 복숭아로 한 상자, 봉사 가면 항상 챙겨주시던 수사님께 오늘은 내가 드려야지.
참 오랜만에 가는 길이다. 6년(?) 만에, 그렇게 오래된 것 같지 않은데 벌써 이렇게 시간이 흘렀단 말인가. 이런저런 생각으로 추억하며 수도원에 도착했다.

"수사님~ 엘리아 왔씀니당." ^^
오랜만에 와보니 많이 달라진 풍경이다.
제대 앞에 난 화분을 놓고 두 손을 모은다. 내 집처럼 포근하고 편안한 느낌이다. 마치 맨날 온 것처럼. 수사님이 부르는 소리를 따라 들어갔다. 큰 찻잔에 넘치도록 차를 주신다. 수사님은 그동안 달라진 수도원 이곳저곳을 안내하시면서 설명을 해 주셨다. 수도원에서 드라마 촬영도 했다고 자랑하시고는 약속이 있다고 나가셨다.

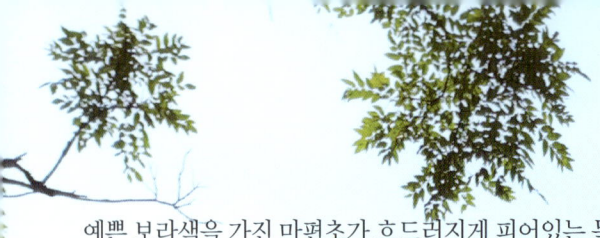

예쁜 보라색을 가진 마편초가 흐드러지게 피어있는 묵주기도 길은 참 아름다웠다.
묵상하며 돌다 보니 강아지 한 마리가 그늘도 없는 곳에 덩그러니 묶여 있었다.
여름 한낮의 볕에 잠깐만 있어도 숨이 턱하고 막히는데 언제서부터 있었는가 혀
를 있는 대로 내밀고 헉헉대고 있었다. 동물을 사랑하는 나로서는 이해 불가 못
볼 광경을 보고야 말은, 갑자기 화가 욱하고 올라왔다.
"수사님~ 아니 이 더운 날에 강아지를 ...#$%&*&*$*#@...
이럴바에야 키우지마시던가요... 씩씩씩~~~"
그 와중에 강아지는 지 몫을 한다고 짓고 난리고 곁을 주지 않아 옮겨주지도 못
하고 있는데 수사님이 소식을 전하셨다. 아침에 햇빛을 피해 그곳에 옮겨놨었는
데 오후에 깜빡 잊으셨다고.
정말요? 진짜요? 확실한 거죠? ^^

강아지 사건을 뒤로하고 다음을 기약하며 주님과 함께한 오늘도 한 건 했다며
씩씩대며 용감하게 컴백 홈~~~ㅋ

주님 봉헌 축일 제의색(백)

말씀 묵상 : 제 눈으로 주님의 구원을 보았나이다. 모든 민족들 앞에 마련하신 구원을 보았나이다. 루카 2,30-31 참조

교회는 주님 성탄 대축일에서 40일째 되는 2월 2일을 주님 봉헌 축일로 지냅니다. 이날로 주님 성탄과 공현이 마무리됩니다. 스스로 봉헌하신 예수님을 닮아 겸손하고 순종하는 삶으로 살아가길 다짐하며 촛불 모양의 디자인으로 봉헌의 의미를 새겨봅니다.

월간 플라워 매거진 기고 작
재료 | 능수버들, 엽란, 호접란, 아마릴리스, 카라, 프리지아

주님 봉헌 축일

말씀 묵상 : 그리스도 다른 민족들에게는 계시의 빛이요, 당신 백성 이스라엘에게는 영광이시네. 루카 2,32 참조

일 년 동안 사용할 초를 축복하는 날, 주님 봉헌 축일. 올 한 해도 하느님께 봉헌하는 꽃의 손길이 성령의 힘으로 드러나는 깊은 믿음으로 아름다운 사랑의 빛으로 타오를 수 있기를 두 손 모으며 작품을 연출해 봅니다.

월간 플라워 매거진 기고 작
재료 | 석고 조형물, 초, 목련, 금어초, 알스트로메리아, 은엽아카시아

성체 현양 대회 제의색(백)

성체 현양 대회는 성체성사 신비를 깊이 묵상하며 성체의 신비 안에서 하느님을 만나는 날입니다. 성체의 가장 큰 의미는 사랑이며 나눔이고 그리스도교 신앙의 핵심입니다. 인간 구원을 위해 몸과 피를 제물로 마쳐 우리에게 양식으로 남겨 주신 예수님의 사랑을 마음속 깊이 새기며 성체를 통해 새 힘을 얻는 기쁜 날입니다.

성체에 대한 사랑과 신심을 드높이며 지극히 거룩한 성체 안에 현존하시는 예수 그리스도께 신앙을 고백함으로써 하느님께 영광을 드리는 최고의 축제입니다. 예수의 생애와 희생, 부활 정신을 되새기고 성체 중심의 삶을 다짐하는 뜻을 지닌 신앙을 다지는 성체 공경 신심행사입니다.

장소 | 인천교구 성체 성지 성당
재료 | 한지 조형물, 글라디올러스, 알스트로메리아, 장미, 무늬둥굴레, 안개나무, 스마일락스

지극히 거룩하신 그리스도의 성체 성혈 대축일 제의색(백)

말씀 묵상 : 나 그들에게 기름진 참밀을 먹게 하고 바위의 꿀로 그들을 배부르게 하련마는. 시편 81,17

그리스도의 성체 성혈 대축일은 대사제이신 예수 그리스도의 몸과 피로 이루어진 성체성사의 제정과 신비를 기념하는 날입니다. 우리는 이 축일에 두 가지를 함께 묵상합니다. 하나는 우리를 위하여 기꺼이 자신을 희생 제물로 내어주신 예수님의 사랑이고, 또 다른 하나는 빵과 술의 형상 안에 함께 하시는 예수님의 현존입니다. 사랑하기에 희생할 수 있고, 사랑하기에 함께 하시는 주님의 크신 사랑을 깊이 만나는 축일이 바로 그리스도의 성체 성혈 대축일입니다.

월간 플라워 매거진 기고 작
재료 | 유채 구조물, 한지 조형물, 글로리오사, 장미, 붉은 토끼풀꽃, 스마일락스

지극히 거룩하신 그리스도의 성체 성혈 대축일

인천대학교 성전꽃연출 과정
재료 | 조형물, 모스, 풍선초, 백합, 메리골드, 스마일락스, 페니쿰

지극히 거룩하신 그리스도의 성체 성혈 대축일

장소 | 인천 가톨릭 대학교 강화 캠퍼스 성당
재료 | 잎새란, 무늬둥굴레, 스프링게리, 알스트로메리아, 장미, 나리

예수 성심 대축일 제의색(백)

말씀 묵상 : 목마른 사람은 다 내게로 오라. 나를 믿는 사람은 그 속에서 샘솟는 생명의 물이 강물처럼 흘러나올 것이다. 요한 7,37-38

예수님의 지극한 사랑은 십자가에 높이 달리심으로 나타납니다. 예수님의 거룩한 사랑은 창에 찔려 쏟아내는 피와 물을 통해서 전달됩니다. 기꺼이 십자가에 달리시겠다는 예수님의 마음과 그 마음에서 흘러나오는 피와 물은 예수님 사랑의 절정을 표현해 줍니다.

월간 플라워 매거진 기고작
재료 | 조형물, 모스, 알리움, 조팝나무, 작약, 호접란

예수 성심 대축일

예수님의 성심은 우리를 향한 사랑의 원천이 되고, 우리를 위한 구원의 샘물이 됩니다. 끊임없이 솟아나는 사랑의 샘에서 흘러나오는 은총 속에서 성심의 사랑, 성심의 마음이 우리의 마음에 위로와 평화가 전해줍니다. 지극히 거룩한 예수 성심 대축일은 그 크신 사랑에 잠기도록 우리를 초대하기 때문입니다.

월간 플라워 매거진 기고 작
재료 | 하트 조형물, 십자가 조형물, 마타리, 안개나무, 루드베키아, 꿩의다리, 스킨답서스, 돌

Liturgy Flower ESSay
Happy Happy Wednesday

행복한 수요일

오늘은 전례 꽃 지도자 연합회 월례회가 있는 날이다. 특강 시간에 우리 본당 신부님이신 바오로 신부님을 초대했다. 바쁘신 중에도 엘리아의 협박질에 어렵게 흔쾌히 허락을 해 주신 신부님. ^^

잠깐 바오로 신부님 자랑을 해 보자면, 오랫동안 해외에서 공부하시다 우리 본당에 처음 주임으로 오셨는데 훤칠한(?) 키에 군살 없는 체격, 언제나 미소가 가득한 부드러운 인상, 그중에 제일은 풍부한 지식과 지성으로 신자분들의 사랑을 한가득 받고 있다는 것이다. 참 멋지신 분!

'신앙인의 자세'의 제목으로 시작된 바오로 신부님의 강의, 변해가는 시대에 따라 믿음도 어떻게 실천하며 살아가는 것이 참 신앙인이라 할 수 있는가에 대해 말씀해 주셨다. 마음에 쏙쏙 들어오는 부드럽고 따뜻한 강의는 회원들에게 큰 감동으로 다가와 한 시간이 너무도 빠르게 지나갔다. 충만한 은총으로 채워진 회원들의 모습은 마치 천사같이 예뻐 보였다. 한 단체의 장으로서 얼마나 행복하고 기쁜지 주님께 사랑받고 있음을 뜨겁게 느끼며 행여 마음을 들킬까 살짝꿍 누르는 오늘이었다.

참 좋으신 바오로 신부님~
고맙습니다.
화살기도 전문인 엘리아잖아유?!
더 열심히 신부님의 영, 육 간에 건강하시기를 기도드리겠습니다. ^^

연중 시기 제의색(녹)

대림 시기부터 시작되는 한 해의 전례 주년에는 연중 시기가 두 번 있습니다. 성탄 시기가 끝난 다음과 부활 시기가 끝난 뒤입니다. 대림 시기, 성탄 시기, 사순시기, 부활 시기를 제외한 33주간 또는 34주간이 연중 시기인데요. 꽃장식도 한결 자유롭게 연출할 수 있습니다. 여름을 지나면서 절화 보다는 소재 중심으로 장식을 해 보는 것도 좋겠습니다.

말씀 묵상 : 내 양들은 내 목소리를 알아듣는다. 나는 내 양들을 알고 그들은 나를 따른다. 요한 10,27

장소 | 인천 가톨릭 대학교 강화 캠퍼스 성당
재료 | 마티초 구조물, 마디초, 알리움, 안개나무, 수국

연중 시기 여름 장식

월간 플라워 매거진 기고 작
재료 | 다래 덩굴, 카틀레아, 안젤로니아, 토끼풀, 이끼, 돌, 모래

연중 시기 여름 장식

월간 플라워 매거진 기고 작
재료 | 마른 나뭇가지, 은엽 아카시아, 모나 라벤더, 유칼립투스, 쿠페아, 오색 기린초, 마사토, 돌

연중 시기 여름 장식

장소 | 인천교구 원당동 성당
재료 | 무피, 호접란, 틸란드시아, 이끼

연중 시기 여름 장식

월간 플라워 매거진 기고 작
재료 | 말채, 호접란, 피토니아, 색모래

연중 시기

난 분을 제대 장식으로 할 때 알맞게 쓸 수 있는 재료가 있는 것도 복이다. 라고 봉사자들 간에 이야기하곤 합니다. 그 복을 챙기기까지 시든 소재 보기를 눈 크게 뜨고 잘 보관해야 한다는 것입니다. 바람이 잘 통하는 그늘에 매달아 놓으면 색도 변하지 않고 예쁘게 잘 말라 마른 소재로 활용하기 딱이죠. 여우 얼굴 가지 구조물 하나 곁뜨렸을 뿐인데 장식적 효과가 좋죠?! ^^

장소 | 인천교구 성체 성지 성당
재료 | 시멘트 화분, 심비디움, 여우 얼굴, 이끼, 돌

연중 시기

가을에 지나는 연중 시기에는 각각의 소재들의 색채가 화려해집니다. 색의 대비를 통해서 색감이 더욱 강하게 보일 수 있는데요. 가끔은 이렇게 강렬한 색을 중점으로 꾸며보는 것 또한 계절을 느낄 수 있어 멋질 것 같습니다.

장소 | 인천 가톨릭 대학교 강화 캠퍼스 성당
재료 | 고목, 여우 얼굴, 청목, 드라세나, 루스커스, 이끼, 방크샤, 맨드라미, 돌

Liturgy Flower ESSAY

순교의 땅! 신리 성지를 찾아서~

당장 해결해야 할 숙제가 있습니다. 월간지 기고 날은 다가오는데 마음만 어지럽습니다. 오늘 갈까? 모레 갈까 고민 중에 전화벨이 울립니다. "여보세요? 성지 함께 가실라우?" 햐~ 기가 막힌 타임입니다. 주님께서는 우리의 머리카락 수까지도 알고 계신다더니 하하하. 게으름 피우는 것을 잘도 아시고 벌떡 일으켜 신리 성지로 순례의 발길을 옮겨주십니다. ^^

천주교의 아픈 역사가 고스란히 담겨 있는 실리성지는 초기 그리스도인들의 피난처인 지하 공동묘지 카타콤바가 있고, 전례도 이곳에서 거행되었다고 합니다. 조선시대의 신앙 공동체로서는 가장 큰 활동지였으며, 조선 후기 천주교회의 중심으로 자리 잡는 원동력이 되었다지요. 또한 박해 시기를 거치며 순교자들의 안식처로 거듭나게 되었다는 절절한 신앙의 역사를 소개하고 있습니다.

(자료 참고 : 신리 성지 홈페이지)

성지 입구에 들어서는 순간 깜짝 놀라 입을 다물 수가 없었습니다. 어느 한 곳 막힌 곳 없이 확 트인 성지 전경은 한마디로 '참으로 아름답구나'라는 탄성이 나왔는데요. 한눈에 다 담기에는 너무도 넓었습니다. 오늘따라 유난히도 파란 하늘에서는 새하얀 구름도 둥실둥실 춤을 추며 발길을 반겨주었습니다. 이곳 신리 성지는 신자 분들이 한 땀 한 땀 정성되이 봉헌된 땅으로 어느 한 곳 귀하지 않은 곳이 없답니다. 한걸음 들어서니 독특한 십자가 길이 있습니다. 14처는 큰 돌에 꾸며져 있었는데 보는 순간 가슴이 아파집니다. 잡히시고 쓰러지고 못박히시고...으흑...부활하셨지만 그래도 이제는 14처 표현도 부드럽고 포근하게 꾸며지면 좋겠다는 마음을 가져봅니다. 저만치 초가집이 있어 달려갑니다. 아하~ 보통 초가집이 아니었습니다. 한국 최초의 신부님이신 성 김대건 신부님과 함께 입국하시어 내포를 중심으로 큰 활동을 하신 다블뤼 주교님이 머물던 곳인데 깔끔히 정돈된 전통한옥 초가집이었습니다.

눈길을 돌리니 성당이 보였는데 회색빛 큰 건물이었습니다. 보통 성당이라면 돔 형태의 지붕이거나 기하학적인 양식을 떠올리기 마련인데 이곳의 성당은 상당히 현대적인 느낌으로 다가왔습니다. 성당을 중심으로 순교 미술관과 프랑스 최고의 마에스토로가 제작했다는 세 개의 종이 시선을 사로잡습니다. 파란 하늘에 비친 풍경이
얼마나 아름다운지 이곳이 바로 천국 같습니다. 풍경이 좋다 보니 순례 객뿐만 아니라 일반인들도 많이들 들른다고 하는데요. 성지는 거룩한 장소이니만큼 방문하시는 분들의 배려가 필요하다는 생각을 해 보았습니다. 드넓은 역사 공원에는 성 다블뤼 안토니오 주교님의 경당과 그 외 네 분의 경당이 있었는데 순례하다 간간이 들려 묵상을 하도록 꾸며져 있어 더욱 좋았던 오늘의 순례 길은 미처 알지 못했던 무명 순교자분들의 복을 빌어주고 '주님과 함께 하니 참 행복하구나'라고 큰소리치며 순례길을 마무리합니다. †

주님의 거룩한 변모 축일 제의색(백)

말씀 묵상 : 이는 내가 사랑하는 아들, 내 마음에 드는 아들이니, 너희는 그의 말을 들어라. 마태 17,5

하느님의 아드님이신 주님은 당신의 십자가 수난과 죽음의 결과인 영광스러운 부활을 미리 보여 주시고자 거룩한 변모의 표징을 드러내신 주님의 거룩한 변모 축일은 예수님께서 제자들 앞에서 영광스러운 모습으로 변모하신 일을 기리는 축일입니다. 변모하신 영광스러운 주님의 빛나는 모습을 표현해 보았어요.

한국전례꽃지도자연합회 데몬스트레이션 작
재료 | 용수초, 백합, 델피니움, 호접란, 솜

성 베드로와 바오로 사도 대축일 제의색(홍)

말씀 묵상 : 너는 베드로이다. 내가 이 반석 위에 내 교회를 세울 터인즉 죽음의 힘도 감히 그것을 누르지 못할 것이다. 마태 16.18

십자가로 신앙 고백의 모범이신 성 베드로와 신앙의 내용을 밝게 깨우쳐 주시는 성 바오로 두 사도를 표현합니다. 땅과 하늘의 매여 있는 끈을 마디초를 엮어 표현해 보았어요. 교회의 두 기둥이신 그분들을 본받아 이 세상에서 신앙의 모범으로 살아갈 수 있도록 두 손 모아 기도합니다.

월간 플라워 매거진 기고 작
재료 | 십자가 조형물, 마디초 구조물, 덴드로비움, 꽃기린, 모스, 돌

성모 승천 대축일 제의색(백)

말씀 묵상 : 하늘에 큰 표징이 나타났습니다. 태양을 입고 발밑에 달을 두고 머리에 열두 개의 별로 된 관을 쓴 여인이 나타난 것입니다. 묵시 12.1

성모님께서 지상 생애를 마치신 후 하늘에 오르신 것을 기념하는 날 성모 승천 대축일입니다. 우리나라에서는 더욱 특별한 날입니다. 우리 민족이 일제에서 해방된 날이기 때문입니다. 예수님을 통한 구원사업의 첫 번째 협력자이셨던 성모님. 성모님은 하느님의 어머니라는 고귀한 칭호를 얻으셨지만, 주님의 뜻을 따르는 여정은 그리 쉽지만은 않았습니다. 이러한 의미에서 성모님의 승천은 우리에게 희망을 줍니다.

한국전례꽃지도자연합회 데몬스트레이션 작
재료 | 큰고랭이, 델피니움, 장미, 에키놉스, 등라인

성모 승천 대축일

성모 승천 대축일은 여름의 안 가운데를 지나게 되는데요. 꽃꽂이를 잠시 쉬고 포트 식물 호접 난을 준비합니다. 성모님의 상징색 하늘색의 선과 볼을 더해 부드러운 느낌으로 승천의 모습을 연출해 봅니다.

월간 플라워 매거진 기고 작
재료 | 등라인, 호접란, 이끼

성 미카엘, 성 가브리엘, 성 라파엘 대천사 축일 제의색(백)

천사란 하느님의 전달자란 뜻입니다. 구약 성서에서는 천사가 야훼 하느님을 대신해서 그 뜻을 드러내는 존재이며 영적 존재가 아닌 실재를 인간과 부딪히게도 하고 하느님 뜻을 구현하려고 존재를 드러내기도 합니다.
하느님과 인간을 이어주는 조력자이자 파견자, 치유자인 대천사들을 힘 있고 단단한 굴피를 이용합니다. 하늘과 세상을 이어주는 그 길을 다래 덩굴로 표현하고 강물처럼 뿜어져 나온 불꽃을 맨드라미에 담아봅니다.

한국전례꽃지도자연합회 데몬스트레이션 작
재료 | 용수초, 등라인, 델피니움, 장미, 에키놉스

온 누리의 임금이신 우리 주 예수 그리스도왕 대축일 제의색(백)

인간을 구원하러 오신 예수 그리스도께서 임금이심을 기리는 날 '온 누리의 임금이신 우리 주 예수 그리스도왕 대축일' 군림하러 오신 것이 아니라 희생으로 세상에 참 빛을 비추러 오신 예수님이십니다. 마땅히 우리는 그분을 왕으로 섬기며 살아가기를 두 손 모읍니다.

인천교구 전례꽃꽂이회 데몬스트레이션 작
재료 | 마디초 구조물, 맨드라미, 마리골드, 풍선초, 아스틸베, 킹프로테아, 이끼, 색모래

온 누리의 임금이신 우리 주 예수 그리스도왕 대축일

임금이신 주님의 표현을 어떻게 할까 묵상합니다. 해바라기를 떠올립니다. 해만 바라보며 꽃을 피우고 해를 닮은 해바라기, 흔들리지 않은 믿음으로 주님을 바라봅니다. 한 분이신 하느님을 흠숭합니다.

한국전례꽃지도자연합회 데몬스트레이션 작
재료 | 해바라기, 이끼

성월

성월은 특별한 전구(轉求)와 은혜를 청하며 기도하도록 지정된 달을 말합니다. 각 성월은 축일(祝日)과 연관이 있도록 지정하여 한 달 동안 특별한 지향(志向)을 갖고 기도하며 신심 행사를 갖습니다. 또한 각 성월에 정한 성월 기도를 바칠 것을 권장합니다. 1년 중 지정된 성월은 3월 성 요셉 성월, 5월 성모 성월, 6월 예수 성심 성월, 9월 순교자 성월, 10월 묵주기도 성월, 11월 위령 성월이 있습니다.

Liturgy Flower ESSay

꽃향기 가득한 성체 성지를 찾아서~

성체 성지는 구(舊) 김포 성당을 2015년 11월에 성지로 선포했는데요. 성지로 선포된 지는 그리 긴 시간이 아니지만 구(舊) 김포 성당의 발자취를 따라가 보면 역사가 길다는 것을 알 수 있습니다. 구(舊) 김포 성당이 탄생하기까지는 6·25 전쟁 직후 미국의 구호물자를 지원받아 신자들과 해병대가 힘을 합쳐서 지었답니다. 1950년대에 건축된 석조 성당을 대표하는 건축물로 건축적 가치가 커 2013년에는 국가 등록문화재 제542호로 지정되었답니다. (자료 참고 : 인천교구 홈페이지)

형형색색의 봄꽃을 흐드러지게 피우며 찾아온 오월! 우리는 경기도 김포에 있는 성체 성지로 순례를 떠났습니다. 고운 색깔로 온 세상을 물들이고 있는 이 계절에 그녀들과 함께하는 순례길은 향기로 가득 찬 꽃길입니다.

순례는 예수님의 수난을 묵상하고, 성인들이 사셨던 신앙을 본받으며 깊은 신심을 키우기 위한 시간을 갖는 것인데 어찌 된 일인지 이번 순례의 발길들은 가볍기만 합니다.

우왕~~멋지다~
철쭉꽃이 만발한 입구에는 성모님께서 어머니의 온화한 미소를 머금으시고는 우리를 반겨주십니다. 어쩜 이렇게도 예쁜 동산이 있을까?! 꽃 속에 계신 성모 어머니 품으로 풍덩 안기고 싶습니다. 엄마아~~

꽃길 사이로 나 있는 돌계단을 올라갑니다. 노란 민들 레꽃이 피어 있습니다. 분홍과 하얀색의 조화를 이루는 금낭화가 고고한 자태를 뽐내면서 자랑하고 있네요. 땅을 힘차게 헤집고 나온 아직은 어린 순인 비비추도 보입니다. 여름이 되면 풍성한 큰 잎이 되어 푸르름을 선물해 주겠지요. 길게 뻗어 있는 노송 사이로 십자가의 길이 꾸며져 있습니다. 노송의 표피에서 지나간 시간을 느낄 수가 있었는데요. 기나긴 시간 동안 묵묵히 자리를 지켜온 소나무는 그 좋
다는 피톤치드를 마구 발산해주어 우리의 건강까지도 살펴주었습니다. 편안한 마음으로 순례하며 기도를 합니다.
'하늘에 계신 우리 아버지....은총이 가득하신 마리아님...,' 열심히 외치는 중에 산새들의 노래 장단에 정신이 팔려서는 '어디까지 했더라?' 하며 서로의 눈빛을 보다가 그만 크게 웃고 맙니다.
'이건 순례가 아녀. 순례가 아니고 필시 놀러 온 것에 목적을 둔겨' 하하하~

주님께서는 그녀들과 함께한 순례 길을 통해 혼자도 좋지만 함께하니 더 좋은 것을 깨닫게 해 주십니다. 함께 걸으며 주님의 십자가의 수난과 고통을 묵상하다 보면 내가 겪는 비뚤어진 마음을 어느새 바로 우뚝 서게 만들어 주십니다. 언제나 삶의 방향을 바르게 인도해 주시는 주님. 조건 없이 내어 주신 자연 속에서 함께한 성체 성지의 순례길이 저물어가네요. 주님! 오늘도 아름다운 동행 행복했습니다. †

성 요셉 성월
복되신 동정 마리아의 배필 성 요셉 대축일 제의색(백)

복음서는 성 요셉을 '의로운 사람'(마태 1,19)으로 칭송합니다. 요셉 성인은 복음서가 전해주는 것처럼 하느님의 뜻에 순명하고, 예수님, 성모님과 함께 성가정을 이루며 하느님 구원 사업에 협력하셨습니다. 성경은 그분의 죽음을 우리에게 전해주지 않지만, 교회의 전승에 따르면, 그분께서 예수님과 성모님의 품속에서 죽음을 맞이하는 은총을 누리셨기에, 교회는 그분을 임종하는 이들의 수호성인으로 섬기고 있습니다. 아울러 요셉 성인께서는 목수의 삶을 살아가셨습니다. 그러므로 교회는 그분을 노동자들의 수호성인으로 선포합니다. 의로움과 하느님의 뜻을 따라 삶을 살아가신 예수님의 양부이신 요셉 성인에게 특별히 전구를 청하는 시간이 바로 성 요셉 성월인 것입니다.

월간 플라워 매거진 기고작
재료 | 굴피, 소나무, 헬레보루스, 수선화, 눈향나무

성모 성월

가톨릭교회는 5월을 성모 성월로 지냅니다. 하느님의 어머니이시고 믿는 이들의 어머니이시며 한국 교회의 수호자이신 성모님을 특별히 공경합니다. 또한 교회는 성모님을 신앙의 대상이 아닌 그리스도인의 모범으로 제시하고 공경하고 있습니다. 성모님의 순명과 겸손의 삶을 본받으며 살기를 바라며 신자들이 성모님을 따라 자신을 더 온전히 그리스도께 다가갈 수 있도록 하고 있습니다. 성모님의 공경은 하느님에 대한 흠숭과는 다릅니다. 곧 성모님께서는 우리 신앙인의 모범으로 하느님의 특별한 은총을 받으신 성인 중의 성인으로 특별한 공경을 받으시는 것입니다.

월간 플라워 매거진 기고작
재료 | 마디초, 나무수국, 안개꽃, 장미, 옥시, 아스파라거스, 석죽, 은엽 아카시아, 색돌

성모 성월

월간 플라워 매거진 기고 작
재료 | 등라인, 미국자리공, 델피니움

성모의 밤

장소 | 인천교구 원당동 성당
재료 | 초생달 조형물, 수국, 델피니움, 장미, 펠레놉시스, 스마일락스, 으름덩굴

성모의 밤

장소 | 인천교구 원당동 성당
재료 | 델피니움, 글라디올러스, 장미, 리시안셔스, 카네이션, 옥시페탈룸, 안개초, 무늬 둥굴레

성모의 밤

장소 | 인천교구 원당동 성당
재료 | 델피니움, 글라디올러스, 장미, 리시안셔스, 카네이션, 옥시페탈룸, 안개초, 무늬 둥굴레

성모의 밤

장소 | 인천교구 원당동 성당
재료 | 수국, 엘이디 백합, 카라, 장미, 가랑코에

성모의 밤

장소 | 인천교구 원당동 성당
재료 | 엘이디 백합, 엘이디 수국, 장미, 바베나, 안개초, 수국, 아이비, 자스민

예수 성심 성월

가톨릭교회는 매해 6월을 예수 성심을 특별히 공경하는 성월로 지내고 있습니다. 인간을 향한 하느님의 무한 사랑의 절정은 바로 예수 성심을 통해서 우리에게 드러납니다. 성체성사를 통해 드러나는 예수 성심의 사랑은 삶에 지치고 허덕이는 우리를 향하고, 우리를 위하고, 우리를 품어주십니다.

월간 플라워 매거진 기고작
재료 | 모스 조형물, 조팝, 클레마티스

Liturgy Flower Essay
내포 순례길의 중심 합덕성당을 찾아서

한국 천주교회의 아픈 역사가 숨 쉬고 있는 내포(안쪽 바다) 순례길은 예산의 여사울 성지에서 서산의 해미 순교성지까지 내포 천주교의 역사적 의미를 되돌아볼 수 있도록 꾸며져 있습니다. 한국 천주교회의 심장이었던 내포는 한국 천주교회 역사에서 참혹했던 4대 박해(신유박해, 기해박해, 병오박해, 병인박해)를 온전히 겪어내어 순교자가 없는 마을이 없는데요. 이런 까닭에 내포는 많은 성지가 조성되어 순례자들의 발길이 끊임없이 이어지고 있답니다. (성지 자료 참조)

21C는 혼라이프가 대세지만 나의 정서에는 어색하기 짝이 없는 스타일입니다. 혼자 일하고, 놀고, 먹고 하는 것도 하루 이틀이지 외로워서도 혼자는 싫습니다. 그저 함께여서 좋고, 함께해서 좋고, 함께 나누니 얼마나 좋은지요. 그래서 함께 떠납니다. 꽃 세계의 고운 두 분을 모시고 충청남도에 있는 합덕성당으로 달려갑니다.

달궈진 용광로 속의 불꽃처럼 태양은 뜨거운 불을 사정없이 토해내고 있는데 바람은 잠을 자는지 잠잠하네요. 그렇다 한들 순례길을 막을 수 없는 발길은 합덕 성당에 도착을 했다는 것입니다. 계단 위로 올려다 보이는 우뚝 솟은 두 개의 첨탑이 제일 먼저 눈에 들어옵니다. 적(赤) 벽돌로 지어진 고딕 양식의 성당이 한 폭의 그림처럼 다가옵니다. 계단 옆으로는 멋진 수형의 수목들이 리듬감 있게 잘 다듬어져 노래를 부르는 듯 반겨주고 있습니다. 직업은 못 속이는 걸까요?! 머릿속에서는 와~ 저렇게 유지하려면 관리비가 엄청 비쌀 텐데 하는 걱정까지.^^ 이 아름다운 곳을 방송사에서 그냥 놔둘 리가 없겠지요. 여러 드라마를 촬영했다는 광고(?)가 나부끼고 있습니다. 좋은 곳. 아름다운 곳은 함께 보고 느끼면 좋지만요.

마당 한쪽에 있는 철로 만들어진 종각 위에 예수님과 닭의 형상을 보며 베드로 사도를 떠올립니다. '지금 제가 머무르는 이 시간이 주님과 함께 하기에 행복합니다. 저에 욕심과 허물을 용서하소서.' 하면서요. 성당 안으로 들어가니 소박하게 꾸며진 제대가 마음을 편안하게 해 줍니다. 잠시 기도를 하는 중에 숨을 고르며 생각합니다. 순례를 한다는 것은 여행의 또 다른 모습으로 나를 돌아보며 힐링도 하고 앞으로의 시간을 또 새로 계획해 보는 시간이 될 수 있다고. 회색빛 도시 속에서 서로 경쟁하고 살아남기 위해 발버둥치며 허우적대다 종교의 힘을 빌려 자연이 주는 풍요로움과 함께 삶의 활력을 불어넣을 수 있다는 것을. 이 모든 것은 먼저 가신 순교자분들의 희생이 발판이 되었다는 것에 깊이 감사하며 두 손을 조용히 모읍니다.

오늘은, 바람도 잠이 들은 내포 버그내 순례 길에서 만난 순교자분들의 거룩한 희생을 기억하고, 감사의 은총을 담뿍 받으며 함께 하기에 더욱 귀한 날로 마음에 포옥 담고 갑니다. 사랑합니다. ✚

순교자 성월

말씀 묵상 : 제 목숨을 살리려고 하는 사람은 잃을 것이요. 나를 위하여 제 목숨을 잃는 사람은 살 것이다. 루가 9,24

9월은 순교자 성월로 지내면서 이 세상의 모든 그리스도인이 순교자의 희생을 기억하는 달입니다. 한국 천주교 주교회의는 1984년 103위 시성에 맞추어 복자 성월을 순교자 성월로 바꾸어 지내고 있습니다. 우리말로 순교(殉教)는 '따라서 죽음'을 의미합니다. 하지만, 순교를 의미하는 라틴어 Martyrium의 본래의 의미는 '증거 하다'라는 의미를 지니고 있습니다. 그러므로 순교는 단순히 예수님을 따라서 죽음을 의미하는데 그치지 않고, 예수님을 '증거 한다'는 의미도 함께 담겨 있습니다. 그리스도의 삶은 사랑이라는 말로 요약할 수 있습니다. 따라서 참된 순교란 그리스도를 증거 하는 신앙의 완성이며 사랑이고 하느님께 나아가는 완전한 인간의 몸짓인 것입니다.

월간 플라워 매거진 기고 작
재료 | 굴피, 나무수국, 은엽아카시아, 국화, 메리골드, 쑥부쟁이, 강아지풀, 이끼, 낙엽

순교자 성월

장소 | 인천 가톨릭대학교 강화 캠퍼스 성당
재료 | 덴드로비움, 통나무, 돌

순교자 성월

장소 | 인천교구 성체성지 성당
재료 | 팔레놉시스, 나무 십자가, 이끼, 돌, 색모래

묵주 기도 성월 · 전교의 달

말씀 묵상 : "너희는 온 세상에 가서 모든 피조물에게 복음을 선포하여라" 마르 16,15

한국 교회는 해마다 시월을 '묵주 기도 성월'과 '전교의 달'로 지내고 있습니다. 묵주는 장미를 의미하는 로사리오(rosario)에서 유래합니다. 그래서 묵주 기도는 성모님께 봉헌하는 장미 꽃다발로 표현되기도 합니다. 묵주 기도 성월은 묵주 기도를 바치면서, 예수님의 탄생에서 시작하여 그분의 죽음과 부활의 신비를 더욱 깊이 묵상하는 시기입니다. 아울러 예수님의 생애를 묵상하고, 그분의 가르침을 선포하는 것, 그것이 바로 전교입니다. 전교는 바로 예수님 안에 머무름에서 시작됩니다. 묵주 기도 성월과 전교의 달, 그 시작에는 언제나 예수님이 계십니다.

월간 플라워 매거진 기고 작
재료 | 모스 볼, 장미, 풍선초

묵주 기도 성월

묵주 기도 성월의 작품은 주로 동글동글한 소재들로 꾸미곤 합니다. 묵주 알을 상징해서죠. 이 계절 가을에는 특히 묵주 기도 성월을 연출 할 만한 재료들이 많습니다. 그중에 꽈리를 준비해 봅니다. 강렬한 빠알간 고운 색을 뽐내며 꽈리의 껍질 속에 들어있는 열매로 묵주 알을 엮듯 정성껏 작품을 표현해 보았어요.

월간 플라워 매거진 기고작
재료 | 꽈리, 메리골드, 모스

묵주 기도 성월

'복음서의 전체 요약'이라고 강조되는 묵주 기도, 묵주는 장미를 의미하는 로사리오(rosario)에서 유래합니다. 그래서 묵주 기도는 성모님께 봉헌하는 장미 꽃다발로 표현되기도 합니다. 작품은 기도의 두 손으로 풍성한 꽃다발을 엮어 성모님께 올려 드립니다.

월간 플라워 매거진 기고작
재료 | 풍선초, 글로리오사, 베롱나무 꽃, 루드베키아, 안개나무, 클레마티스, 목수국, 마타리

묵주 기도 성월

성모님께 묵주 기도를 바치는 가운데 예수님과 성모님의 신비들을 깊이 묵상하며 믿음을 더욱 굳건하기를 기도합니다. 묵주 기도는 하느님의 구원을 위해 세상에 오신 예수님 사랑의 신비를 묵상하는 기도이며, 그리스도께 드리는 끝없는 찬미입니다. 장미 꽃다발에 기원을 두고 있는 로사리오는 '묵주, 매괴' 라고도 합니다. 모스 볼을 만들어 묵주을 표현하면서 성모님께 마음에 두고 있는 은총을 청합니다.

월간 플라워 매거진 기고작
재료 | 미국자리공, 공작초, 코스모스, 이끼볼

묵주 기도 성월

장소 | 인천교구 성체성지 성당
재료 | 덴드로비움, 석고 항아리, 이끼, 돌, 자작 볼

묵주 기도 성월

장소 | 인천 가톨릭대학교 강화캠퍼스 성당
재료 | 팔레놉시스, 호야, 유리구슬, 자작 볼

Liturgy Flower Essay
정신적 신앙의 성소! 풍수원 성당을 찾아서

살다 보면 어느 날은 기쁘기도 하고 어느 날은 슬프기도 합니다. 항상 아름다운 날들로 채워진다면 더 바랄 게 없겠지만 그 또한 익숙해지면 고뇌는 또 다른 모습으로 내 마음에 찾아올 것입니다. 우리의 삶은 만족이 없는 끝없는 숙제인 것 같습니다. 마음의 휴식을 찾아 카메라를 매고 발길을 옮겨봅니다.

성지는 어디 한 곳 눈물겹지 않은 곳이 없는데요. 이곳 또한 신앙의 격전지로 박해와 희생이 많았던 곳이네요. 강원도 횡성에 위치한 풍수원 성당입니다. 야트막한 오르막길에는 돌에 새겨진 성당 이름과 들꽃들 사이로 잔잔하게 불어주는 바람의 마중이 있습니다. 성당의 건축 양식은 돔 구조이거나 고딕 양식이 보통인데요. 이곳 풍수원 성당도 고딕풍의 아름다운 양식이 돋보입니다. 한 세기를 훌쩍 넘긴 기나긴 시간을 지낸 흔적이 세월의 가치를 느끼게 해줍니다.

풍경이 그림처럼 아름다워 영화 촬영지로도 유명한 이곳은 박해를 피해 모인 신자들의 힘으로 오롯이 지어졌답니다. 빨간 벽돌에 희생과 정성이 스며들어 있어 감사함이 고스란히 전해져옵니다. 옛 사제관에는 지금이 있기까지 오랜 시간 동안 함께하신 신부님의 유품이 전시되어 있었는데요. 삐거덕 거리는 나무 문 소리에 나도 모르게 가슴이 덜컹 내려 앉습니다. 신발을 벗고 발뒤꿈치를 들고 머리를 낮추어 낮은 문을 건너갑니다. 살펴본 열악한 환경에서 이토록 아름다운 결실로 마주할 수 있음에 가슴이 뜨거워집니다.

나지막한 산에 꾸며져 있는 십자가 길에서 만난 주님께서 큰 선물을 내려주십니다. "옛다. 모기떼다. 그 옛날, 피 흘린 순교자들을 생각해 피 흘림의 체험을..." 으헉~~ 하하하. 진짜 모기가 장난이 아니었습니다. 모기와 한판 씨름을 하고 내려오니 고풍스런 옛 민속품들이 있는 풍경이 보입니다. 유현문화 관광단지 유물관이 운영되고 있었는데요. 박해 당시의 생활상을 알 수 있는 수많은 유물들로 꾸며져 있었습니다. 이 소중한 근대 유물들은 대부분은 어느 한 신자의 기증으로 이루어졌다는데요. 아무 대가 없이 순수한 마음으로 봉헌을 했다고 적고 있었습니다. '참 대단하구나' 하고 생각했습니다. 이 밖에도 수목원, 가마터도 볼 수 있었습니다. 푸르른 수목들과 각종 야생화들이 활짝 웃어주는 시간이 행복하기만 한 오늘은 한국의 천주교의 한 근원지로서 근, 현대의 신앙 생활상을 알 수 있었던 순례 길이었습니다. 강원도의 험한 지형의 산간을 이용해 피난처로 삼았던 박해 시대의 신자들을 통해 현재 우리가 얼마나 편안한 신앙생활을 하고 있는가 돌아보며 숭고한 영성으로 마무리합니다. +

위령 성월

11월 2일에 기념하는 '위령의 날'과 연관하여 11월 한 달을 '위령 성월'로 지내고 있습니다. 따라서 위령 성월은 특별히 죽음을 묵상하는 시간입니다. 모든 사람에게 죽음은 극복할 수 없는 한계로 다가옵니다. 하지만, 그리스도인에게 죽음은 모든 것이 끝남을 의미하는 것이 아니라, 새로운 삶, 영원한 생명으로 옮겨간다는 고귀한 의미를 지니고 있습니다. 따라서 교회는 지상 여정만이 아니라 죽음 이후를 마음에 담고, 세상을 떠난 이들을 위해서 잊지 않고 기도합니다. 또한 죽은 이들이 하느님 안에서 부활의 기쁨을 누릴 수 있도록 도와주는 신심입니다. 아울러 죽은 모든 이를 기억하는 위령의 날에는, 특별히 아무도 돌보지 않는 연옥 영혼들도 기억하는 날입니다. 이처럼 위령 성월은 죽음이 아닌, 영원한 생명을 희망하는 성월인 것입니다.

장소 | 인천교구 성체 성지 성당
재료 | 화살나무, 덴드로비움, 틸란드시아, 남천, 이끼, 마사토, 돌

위령 성월
모든 성인 대축일 제의색(백)

말씀 묵상 : 고생하며 무거운 짐을 지고 허덕이는 사람은 다 나에게로 오너라. 내가 편히 쉬게 하리라. 마태 11,28

전례적으로 연중의 마지막 시기이기에 삶과 죽음의 의미를 더욱 깊이 묵상하는 시간입니다. 그리스도인에게 죽음은 마지막이 아니라 새로운 삶으로의 옮아감이기에 죽음이 마냥 무겁거나 어둡게 다가오지 않습니다. 죽음 앞에서, 좌절과 절망이 아닌 새로운 삶이라는 희망 안에서 그리스도인들은 희망을 품게 되는 것입니다. 삶과 죽음은 다른 말이 아니라 서로 이어져 있고, 그러한 연결됨은 통공이라 표현됩니다. 이러한 통공으로 지상을 순례하는 신자들은 죽은 이들의 영혼, 특히 연옥 영혼을 위해서 기도할 수 있는 것입니다.

월간 플라워 매거진 기고작
재료 | 호접란, 나뭇가지들, 이끼, 야자열매

위령 성월
죽은 모든 이를 기억하는 위령의 날 제의색(자)

말씀 묵상 : 주님, 그들에게 영원한 안식을 주소서. 영원한 빛을 그들에게 비추소서. 4에즈 2,34-35

흩어진 낙엽을 모으며 죽음을 묵상합니다.
먼저 가신 님들의 그리움이 가득합니다. 쓸쓸한 가을바람이 마음을 더욱 차갑게 때리는 이때만 되면 더욱 보고픈 얼굴이 있습니다. 어머니, 나의 어머니, 보고 싶고 그립습니다.

월간 플라워 매거진 기고 작
재료 | 조형물, 찔레, 클레마티스, 이끼, 돌, 낙엽

위령 성월

11월의 선선한 바람이 불어오면 심장이 콩닥콩닥 뛰며 초조하고 바쁜 마음이 됩니다. 이럴 때는 주님의 처방을 받습니다. '기도' 안정제, 눈을 감고 두 손을 모으며 조용히 묵상합니다. 죽은 영혼들을 위해…

한국전례꽃지도자연합회 데몬스트레이션 작
재료 | 나뭇가지, 나뭇잎, 노박덩굴, 층꽃나무

위령 성월

계절이 가을이라 위령성월의 의미를 담아내기에는 재료들이 다양합니다. 죽은 영혼들을 위한 표현으로 마른 나뭇가지와 낙엽을 활용해 봅니다. 색색으로 물든 낙엽을 보니 지나간 삶을 보는 듯한데요. 언젠가 주님의 품으로 가는 길이 예쁘게 물든 낙엽처럼 아름다웠으면....

월간 플라워 매거진 기고 작
재료 | 국화, 조형물, 돌, 낙엽

한국 고유 축일 및 성사

한국 성직자들의 수호자
성 김대건 안드레아 사제 순교자 기념일

장소 | 인천교구 성체성지 성당
재료 | 팔레놉시스, 돌, 이끼

성 김대건 안드레아 사제와 성 정하상 바오로와 동료 순교자들 대축일

장소 | 인천교구 원당동 성당
재료 | 미국자리공, 나리, 장미, 국화, 설유화, 팔손이

성 김대건 안드레아 사제와 성 정하상 바오로와 동료 순교자들 대축일

한국전례꽃지도자연합회 데몬스트레이션 작
재료 | 맨드라미, 너도밤나무, 나무수국, 돌

성 김대건 안드레아 사제와 성 정하상 바오로와 동료 순교자들 대축일

장소 | 인천대학교 성전꽃연출 과정
재료 | 십자가 조형물, 매화나무, 장미, 프리지아, 루스커스, 루모라고사리, 이반호프

성 김대건 안드레아 사제와 성 정하상 바오로와 동료 순교자들 대축일 제의색(홍)

말씀 묵상 : 그리스도 때문에 모욕을 당하면 행복합니다. 영광의 성령, 곧 하느님의 성령이 여러분에게 머물러 계시기 때문입니다. 1베드4,14

'순교' 목숨을 바쳐 복음을 증거하는 순교는 '치명(致命)'이라고 불렸으며, 이는 '위주치명(爲主致命)'의 줄임말로 '주님을 위하여 생명을 바치는 행위'를 의미합니다. 우리들의 선배 신앙인들은 이처럼 주님을 위하여 자신의 생명을 온전하게 바쳤습니다. 순교자 대축일은 순교 성인들의 신앙과 삶을 기억하며 우리의 삶을 주님을 위하여 봉헌하며 살아갈 것을 다짐하는 축일입니다. 비록 피 흘림의 순교는 없을지라도, 우리 삶의 여정을 주님을 위하여 희생하고 절제하는 '순교'의 길을 걸어가야 하는 것이 우리의 몫입니다. 그것이 이 시대의 순교이며 '위주치명'의 길이기 때문입니다.

월간 플라워 매거진 기고 작
재료 | 굴피 구조물, 글로리오사, 다알리아, 나무수국, 익소라, 호접란, 오이풀, 여뀌, 골드세피아, 심포리카르포스, 이끼, 돌

추석

장소 | 인천 가톨릭대학교 강화 캠퍼스 성당
재료 | 바구니, 노박덩굴, 백합, 메리골드, 맨드라미, 국화, 층층이, 밤

추석

장소 | 인천교구 원당동 성당
재료 | 설유화, 맨드라미, 해바라기, 은엽아카시아, 거베라, 아미초, 유칼립투스, 리시안셔스, 미모사, 광나무

세례 성사 제의색(백)

말씀 묵상 : 물과 성령으로 새로 나지 않으면 아무도 하느님 나라에 들어갈 수 없다. 요한 3,5

세례성사를 받은 모든 이들은 그리스도교 신자가 됩니다. 세례 받은 이들을 그리스도교 공동체의 구성원이 되도록 만드는 세례성사는 다음 두 가지의 의미를 담고 있습니다. 첫째, 세례성사는 '세례(洗禮)'라는 단어가 보여 주는 것처럼 '죄를 씻어내는 예식'입니다. 죄를 씻어냄은 아담으로부터 이어져 온 원죄(原罪)를 씻어내는 정화를 의미합니다. 둘째, 세례성사는 세례받는 이들을 새롭게 태어나게 합니다. 세례성사를 받은 이들은 물과 성령을 통하여 하느님의 자녀로 새롭게 태어나는 것입니다. 이를 통하여 세례성사는 세례를 받는 모든 이들이 그리스도교 공동체의 구성원이 될 수 있도록 만들어주는 그리스도교의 입문 성사인 것입니다.

월간 플라워 매거진 기고 작
재료 | 석고 조형물, 모스 조형물, 색 모래, 석고 볼, 클레마티스, 옥시페탈룸, 장미, 스마일락스

견진 성사 제의색(홍)

견진성사는 세례성사와 함께 그리스도교 입문 성사입니다. 견진성사를 통해서 오순절에 사도들에게 내리셨던 성령의 특별한 수여가 이뤄집니다. 이러한 성령의 수여로 견진성사는 세례성사의 은총을 완성하고, 견진성사를 받는 신자들을 하느님의 자녀로 더욱 성숙하게 만들어 줍니다. 성령의 특은으로 신자들은 그리스도와 더 굳게 결합되며, 교회 공동체와의 깊은 유대 안에서 교회의 사명에 더욱 깊이 참여할 뿐만 아니라, 그리스도교 신앙의 증거자가 되는 것입니다.

말씀 묵상 : 은총의 선물은 여러 가지지만 그것을 주시는 분은 같은 성령이십니다. 고린토 12,4

장소 | 서울대교구 전례꽃연구회 전시작
재료 | 한지 하트 조형물, 베로니카, 안개

견진 성사

성당에서 주중에 두 번의 행사가 진행될 때가 있습니다. 그럴 때 꽃의 색을 바꾸어 주면 전해지는 느낌이 다르게 다가오는데요. 요일을 다르게 오신 신자분들에게서 재미난 일이 발생하기도 합니다. 어제는 흰색이었는데 오늘은 빨강으로 바뀌어 있네, 하시면서 고개를 갸우뚱~~~^^

장소 | 인천교구 원당동 성당
재료 | 굴피, 낙상홍, 글라디올러스, 맨드라미, 풍선초, 덴드로비움, 부바르디아

성령 세미나

장소 | 인천교구 원당동 성당
재료 | 굴피, 낙상홍, 글라디올러스, 풍선초, 덴드로비움, 부바르디아, 유채

혼인 성사 제의색(백)

혼인성사는 예수님과 교회의 결합을 상징합니다. 예수님께서 교회를 사랑하신 그 사랑을 통해서, 서로 사랑하는 은총을 부부에게 주십니다. 혼인성사의 은총은 부부간의 인간적 사랑을 완성함과 동시에 인간의 힘으로 풀 수 없는 그들의 결합을 굳건하게 하고, 영원한 생명을 향한 여정 안에서 그들을 성화시킵니다.

월간 플라워 매거진 기고 작
재료 | 스마일락스, 쉬땅나무, 장미, 국화, 수국나무, 알스트로멜리아, 옥시페달룸

혼인 성사

혼인의 결합은 자녀라는 은총의 선물로 이어집니다. 이를 통하여 부부는 가정을 이루고, 그 가정 안에서 부부와 자녀가 가정 교회 안에서 은총과 기도의 공동체를 만들어나가도록 도와주는 성사가 바로 혼인성사입니다.

인천교구 전례꽃꽂이회 데몬스트레이션 작
재료 | 풍선초, 장미, 천일홍, 유칼립투스, 광나무 열매, 십자가 구조물

Liturgy Flower Essay

님의 향기를 따라서 III

저자_ 김정희 엘리아

전례 글_ 박형순 바오로 신부

발행일_ 2024년 9월 5일
발행처_ 도서출판 세이
발행인_ 유의선

경기도 하남시 미사대로 510,
한강미사아이에스비즈타워 319호
전화 031.791.1522 팩스 031.791.1521
www.sayflory.com

이 책은 저작권법에 의해 보호를 받는 저작물이므로
서면에 의한 저자와 출판사의 허락없이
내용의 일부를 인용하거나 발췌하는 것을 금합니다.

ISBN 978-89-94788-50-0 03230

값 23,000원